Kim Doo-Whan

시인 김두환

그대도 물결치는가

김두환 11시집

그대도 물결치는가

시학
Poetics

머 리 말

오래오래 정성껏 가꾼
꽃밭이라고 말해도 될랑가

갖가지 꽃풀 꽃나무 옹긋옹긋 옹기종기
화사하게 싱그럽게 향기롭게 들어차서
도란도란 아울려 동글동글 돋보이므로

더러는 구경하다 들추다 맞추다 기맥을
가슴속에 들여앉히니 선방禪房을 별나게
꾸민 것 같다고 한참 자랑하네

소문 소문에 곳곳에서
문우文友들 찾아와서 화운和韻 즐기니
그만이라고 하네 서로 통했으니
문아풍류文雅風流 내내 높이자고 하네

누군가 가용주 토속주를 가져왔으므로
권커니 받거니 불그레 오른 자리는 웬
달나라 선녀도 끼었다네 어쩐지
그곳 눈가량 공중에 달무리 섰더라
점점 따뜻이 결어진 대로 앞으론
세상을 순順하게 만들잔 이야기들이네

2015년 가을
운사耘史 김두환

차 례

- 시인의 말
- 작품 감상 | 임보

제1부 수국 한 송이

수국 한 송이　　17
한 송이를 배운다　　18
간다 간다 간다　　20
청포도 서설　　22
합창　　25
청포도 찬가　　26
청포도 환상곡　　28
산딸기 서설　　30
씰데꽃 서섬　　32
찔레넝쿨　　34
찔레 속정　　36
그 내관內觀　　38
산나리꽃 1　　41
산나리꽃 2　　42
봄이면, 저 불길　　44
봄바다 풀이　　46
봄볕 풀이 1　　48

봄볕 풀이 2   50
꽃이 지니 1   52
꽃이 지니 2   54
꽃이 지니 3   56

제2부 꽃구경

꽃구경 1~10   61
꽃 꽃 꽃 1~10   75

제3부 매화꽃 읽으니

이슬   93
또 조약돌 풀이   94
보리밭 읽노라니   96
밀물 이야기   98

해변 환상   101
뜨거워서 서러운   104
암, 북두北斗이런가   106
한 송이는 그렇게 떨친다   108
구름   110
봄날 띄우는 편지 1~5   113
매화꽃 읽으니 1~6   122

제4부 단풍과 향수

한 톨 알밤   137
가을이 오는 풍경   138
여름과 가을 사이   140
노랑 갈대 앞에서   142
가을 산천 유람   145
늦벼 익고 있네   148
공간空間에 공간空簡   150

달밤에 쓰는 편지　152
가을 정경 1～5　154
이 가을에 미루어 생각한다 1～5　164
단풍과 향수 1～5　173

제5부 눈이 오면

입동立冬 무렵이면　185
겨울, 달밤 풍경　188
겨울밤의 만상慢想　190
눈 내린 세상은　192
도모해야 한다　194
고향 뒷소리 들려오네　196
눈이 오면 1～15　199

제6부 꿈 이야기

속짐작　231
그 길은 된길　232
지금 발기發起해도 안 늦다　233
창망悵望　234
어디가 종점인가　236
밤 1~3　238
달빛 1　244
달빛 2　246
노인 자적　247
넉자　248
가깝고도 먼 길　250
늦을수록 더 느긋이　252
영서　254
꿰미　256
퍼멀로이 난다　259
그래서 더 달뜬다　260

절대 가락 굽이친다   261
더도리에 조아린다   262
덜컥 채운다   264
마른벼락에 깬다   266
망부석 세운다   268

제7부 그 이야기

큰아들   273
그 이야기   274
그 소리만큼 한다면야   276
노을 새기니 떠오른다   278
그대도 물결치는가   280
되고 된다   282
꼴불션   285
홀로 격格   288
흐락   290

맹씨盲氏 국회의원	292
동문서답	294
음상音相	296
도두걸이 풀이	298
분수대	300
코뚜레	302
립스틱	304
바나나	306
개꿈이련가	309
더 뜨섭니리 좋더라	312
낮달	314
또 다른 동천洞天	317
안사람	320

제1부
수국 한 송이

수국 한 송이
한 송이를 배운다
간다 간다 간다
청포도 서설
합창
청포도 찬가
청포도 환상곡
산딸기 서설
찔레꽃 서설
찔레넝쿨
찔레 속정
그 내관
산나리꽃 1
산나리꽃 2
봄이면, 저 불길
봄바다 풀이
봄볕 풀이 1
봄볕 풀이 2
꽃이 지니 1
꽃이 지니 2
꽃이 지니 3

수국 한 송이

하늘땅 온 기운을 품었기에
저리도 탱탱하게 보이는가

삼선三善*을 실천하였기에
지긋한가

삼불후三不朽**를 닦았기에
빛저운가

부나비 되깎이도 저 앞에선
몇 번이고 되돌아보면서 닦아 내면서
앞으론 돼지 발톱에 봉숭아 들이지***
않겠단 속다짐으로 조용히 바치네

---

* 삼선 : ① 부모에게 효도. ② 어른을 공경. ③ 국가에 충성.
** 삼불후 : 덕德 · 공功 · 언言.
*** 돼지 발톱에 봉숭아 들이다 : (구)지나치게 제격에 맞지 않는 치장을 하다.

한 송이를 배운다

먼저 깔밋이
자양하고 나서

생긋이
숫접고

조용히
숭굴숭굴하고

소곤소곤
다정스럽고

다독다독
돋우며 보조하면서

서로 의합해 바듯이 결어
발리고 발리는 그만큼 넓게 잡고 환히

나비 잠자리들도 맞아 곰곰 화운和韻*하는데
마침 가까이 다가선
동자중은 배운다고 적고 있고
되깎이는 되레 우접는다**고 부산 떠네 참

화리花理구나, 뉘 군말하겠는가

---

* 화운和韻 : 남의 시詩 운자를 써서 답시答詩를 짓는 것(~하다).
** 우접다 : ① 선배를 이겨내다. ② 뛰어나게 되다.

간다 간다 간다
― 벚꽃이 지는데

꽃비 내리네 꽃비 내리네
벌써 가는가 가는가

내명內明해서 때 알고
벌써 가는가 가는가

아쉬워도 내맥來脈 안 벗어나려고
벌써 가는가 가는가

부치니 다시 다질 요량으로
벌써 가는가 가는가

말없이 떠나면서
속울음 무장 홀쩍이므로
걸음 느리고 무겁고 흔들리는가

참 참땋게 뜬

애증 추억 채도彩度 점점 멀리멀리
아른아른 달빛 나부끼므로 찰핍할까
뒤쫓으며 헐떡거려도 놓치는
어느 눈빛 꽃빛발 멀거니 칩떠보다가
일순 별똥 떨어지네

[첨언] 남산 순환길에 벚꽃비 내리는 정경을 한참 지켜보면서 젖는다.

청포도 서설

한 선덕禪德이 꿈속에서 그리며 키웠던
몽유夢遊 수심修心 총아였는데 어떻게
바깥세상에 나와서 스스로 거듭나고자
낮엔 하늘 기운 햇살에 넓다듬이하고
밤이면 땅속 토장土漿으로 자양해선지
저리도 그리도 곱게 깔밋이 순전하게
뵈는 '공주' 났단 말인가

산까치들 나비들 벌써 알고 찾아와서
둘러서서 정연히 조아리다 드디어
상좌에 추어올려 받들고 있는데
산신 집 큰 낭자娘子도 나타나 정중히
대면해서 함께 현수선 한 끝씩 잡아
드리우고 서로 속정이 뛰어넘기 반복해
정의를 답쌓이도록 높이더니 저런 웬
감개를 외쳐 대며 지르며 합환合歡을 꼭
기약했는지 맞잡고 모두뜀해 잇대므로

사방 눈길들 따라 붙이다 휙— 띄우네
세게 돌려 대네 더구나 넓적거리네

그렇게 그만큼 차지게 굳혀서
스스로 선화禪和 올랐는지 가급적
말은 아끼지만 소외된 한둘도 챙겨서
한술 뜨도록 찰지하므로, 맞장구로
세상 인심이 넉넉히 불어나니

어디 덜렁이도 그 운김에 잡히자
일순 깔뜨고서 조용하게 저념하더니만
자양慈養됐는가 그 참맘 쏟아 정성껏
뒷배보므로 앞으론 봉도별감奉導別監에
오르겠네 소문이야 술술 번지므로
장삼이사張三李四들 끼리끼리 모여들어 오롯이
예를 갖춰서 별곡 부르거나 더 올라
손짓춤도 바치네

무얼 배워야 하는 거가 문제라는데
저 화속化俗─헌신을 터득하는 것이
가장 우선 아니겠는가

합창
— 개나리꽃들 덤불 묘描

한마음

한목청

한기량

한기세

올린다

내친다

청포도 찬가

첫새벽 정화수井華水에 얼비친
웃음 핀 달님 첫낯 곱다시 드네

잔잔히 들려오는 대로 간질이는
그녀 정화靜話야 새기고 새길수록
그 시절 동생들을 챙겨 주고 돋우던
큰누님 말 태도 그대로 수더분하게
찰핍하면서 따뜻이 겹치네 울렁거리네

불거진 윗부분 그 정화頂花 속
속정情은 소문이 나시 들았는지
어디 총각들 처녀들까지 깜냥에 찾아와
벌들 안내로 자세하게 속속 떠보다가
어떻게 반열에 들까 배웠는가 알았는가
끄덕이다 통하다 다시 다들 손잡고
주위를 돌면서 강강술래 추어 대네 외치네
의기투합意氣投合하네 뭉치네 다지네

잠시 쉬는 참에도
융화장隆化章*도 옆길로 돌리네 잇대네
그녀를 윗자리로 받드네 더 올리네

저렇게들 따르는 만큼 더 뒷배볼
일만 늘어나건만, 저런 아무리 달려도
자허한다네 만만하네 숭굴숭굴하네

어허라, 그인 티는 안 내도 끈질겨서
골짝에다 뜸**을 이루고 다졌으므로
축복을 받고 있네 늦***으로 알아주네

---

* 융화장隆化章 : 융성을 비는 서민들의 노랫가락.
** 뜸 : 한동네 안에서 몇 집씩 모여 있는 구역.
*** 늦 : 앞으로 어찌 될 장본 또는 빌미.

청포도 환상곡

그 눈빛 물방질 꼼짝없이
눌러잡아 감고 끌어들이네

새콤달콤하여 맛발라 붙이는
큰 사랑은 가리지 않고 따지지 않고
고루 도르리하고 풀쳐서
앞으론 화합을 도모하라고 당부하네
자신은 이미 향기를 많이 여축한
앞선이 나섰네 선창先唱하네 된바람이네
다심해선지 가끔 뒤돌아보면서 나믲네
들어나쓰기 집념으로 이끌어 가네
어귀차도록 일호백낙一呼百諾*하네

무량無量 지혜는 드러내지 않고도
이심전심으로만 궁굴리므로 뜨께질하므로**
딴생각들 풀꽃들까지도 지질려서 그저
바르게 물어내리게 하네

가까이 접할수록 더워질수록 눅이는
드레 온갖 얼마나 깊숙이 짜릿이
새기는지 틀어쥐는지 죄는 대로
거문고 소리 소리 사분사분 사뿐
울려 나가네 샛강 잔잔히 흐르네
눈물 훌쩍이며 따라가야 하네

어느새 찰찰 씻겼는지
새물내 뒤발해 새물거릴수록 퍼질수록
그이 고동 소리 갱연히 들려오네

---

* 일호백낙一呼百諾 : 한 사람이 크게 외치면 여러 사람이 따라서 하는 것.
** 뜨께질하다 : 남의 맘속을 떠보다.

산딸기 서설

박토에 본적을 두어선지
투박하지만 생긋 머금고 좀 갸웃한
산골 귀밑머리 처녀런가

정념情念이 그리도 열렬해서 뜨거워서
빨강 순색 민낯인가

말없이 순수 순진만으로 조심조심 점점
질깃질깃 끈끈히 감치고 죄는
새뽀얀 눈빛은 일침 불빛인가

비탈도 깊숙이 박고 깐깐히 드러내서
하염없이 빌며 그리며 무장 불린
모정慕情은 누굴 북돋워 내세울 셈인가

손가락같이 거느리고 있는
줄기들은 범접 막고 벼락도 쳐낼

깎낫 호위병으로 부리부리 지키고 있네
가까이서 화사花蛇 산뱀도 길게 길게
널름거리다 길상좌 그녀 정심正心에
눌려 깨단해 되레 보위를 선서하네

그 참맘을 고맙게 받아들여 앙군
그녀 상온想蘊* 모대기다 불현듯 일어나
두루 건너보다 살피다 잦히다 알고는
앞으로 세상 인심과 풍년을 맞춤히
신명神明께서 무롸내 오래 누리도록 할
주문呪文을 정중히 읽어 바치네

풋풋한 신앙적 그대로 순전한
신밀身密** 자존만으로도 알천 쳐주겠네

---

* 상온想蘊 : 어떤 일이나 현상을 맘속에 받아들이고 여러 가지로 생각해 보는 감정.
**신밀身密 : 부처가 자기 몸 사체에 비밀 불가사의 현상을 나타내는 일.

찔레꽃 서설

얼핏 흘러보면 풍색風色*이지만
가까운 눈가량에서 뜯어보면
점점 콧속을 산뜻이 헤집어 대는
향정香情에 어리치면서 취해 퍼지면
향몽香夢 향몽鄕夢에 깊숙이 떨어져
한참 이승살이 노래기 족통도 없음**을
잊고 떨쳐버리고 바로 코 골다가
웬만큼 됐는지 부스럭부스럭하다가
처들고 든든히 일어서서 마땅해서
크게 말끔히 뜨고 살피다 뒤설레다
서로 맞적수로 윗자리 올라앉네

말결 달지 않고 눈여겨보는 것만으로도
서로 화음和音 화창和唱 화협和協을
이루고 아귀 맞춰 아근바근하지 않으니
그자 본디 선심이 꼼꼼히 척척 발밭아

뒷수쇄하기 때문인가 보네

---

* 풍색風色 : 세파에 찌든 모습.
** 노래기 족통도 없다 : (구)생활의 정도가 대단히 빈곤하단 뜻으로 씀.

찔레넝쿨

꾸밈없이 오롯이 소박하지만
순정純情만은 지키자고 가시까지 차고서
눈보라 꽃샘 바람꽃도 궁굴려 잡아
휘하麾下에 들인 억척꾸러기 그대로
오래 가꾸고 다듬어 피운 새하얀
은쟁반같이 반짝이는 꽃송이들은
큰누나 속내 향기 그 정화精華인가
큰누나 사랑 노래 그 음파인가

헛장도 헛손질 못하고 엎드려 빌지만
냉갈령도 다가서자 무어받아 풀리는 듯
한참 끄덕끄덕 저념하고 있네

봄여름에만 세勢 드러내는 것 아니고
오래오래 내림 것으로 쳐주고 따르는
조선 여인 풍미風味 풍범風範인 데야
감히 뒷말을 함부로 놓겠는가

겁 없이 앞에서 쩡등그리겠는가

순애純愛는 찌르고 거듭 찔러도
상처 내지 않고 되레 우뭇가시처럼
질깃질깃 거듭나게 하는 술術이라더니
바로 저자 은파銀波 눈빛은 능글맞게
옭아매고 얼근덜근히 깊숙이 쏘네
바로 저자 뒷전 참색은 알게 모르게 보글보글
끓이며 깡밥이 되도록 쫴치는 데야
모두에게 불꽃 참정신 가르치는갑네
소심 계정들에게 선각先覺 받들리겠네

어떤 경우에도
천지 순리 거스르지 않고 천사슬 따라
한결같이 조심조심 자양하는
신앙 길만 사는가, 좇으면 짙은천량
보다 값진 가리사니 터득하겠네

찔레 속정

눈보라 꽃샘추위 이겨 내고
바람꽃도 맞아 풀치고서

스스로는 점점 낮춰
땅속 깊숙이 박아 접수하고서
긴 세월 끙끙 견뎌 쌓아 올린
불가설不可說*을 소리 없이 큰소리로
멀리멀리 사방으로 하늘까지 다다르게
부르짖어 외치므로 분격하므로

어느새 나비들 산새들 본디들 모여들어
앞에도 조아리며 트며 맞질리므로
격심格心 무롸내는 듯하다 더 부쩍
경양가 가사도 적어 대고 있네

하늘도 마침 찐더웠는지

팔 길게 내밀고 저어 화답하네

---

* 불가설不可說 : 말로는 설명하지 못하는 스스로 체험하여 얻은 이치.

그 내관內觀*

햇살 찬란히 퍼져 싱그런
아침나절 꽃송이들 사방 눈길 거리
그 향기 너울너울너울 손짓하다 지르니
앵앵 앵앵 앵앵……
꿀벌 힘꼴 맞대들어 누를 듯 부라리다
어찌 밀정密精 수습할까 내키면 뻗치면
그리도 소곳이 조용히 간질간질 훑으니

뒤따르다가 한발 늦어 어긋난
나비들은 미운 년과 겸상하는 뒹편에
부아 끓어올라도 누르며 참고 삭이고
언놈 달래야 하고, 모멸당하지만

바짝 맛붙인 벌들은 점점 양양자득해져
좋다 좋다 한껏 벌겋게 내치면서
억지가 반 벌충이라고 굳게 믿었으니
끝까지 부릅뜨고 온축** 영성도 무라내네

고작 비바람 드세서야 마지못해
들놓고 쉬어도 풀어도 은근히
속맘은 더욱 쏘시개 넣고 불길 돋우네

새경[私耕]이야 홍정 없이도 많이 줄
상上에 상머슴, 그 손끝에 빚은
꿀[蜜]이니 귀한 선약 아닌가
무무하고 싱거워 외면당하는
맹탕도 달게 끈끈하게 석이지 않겠는가
냉갈령도 따뜻하게 끈적거리지 않겠는가

큰 모습 큰 소리 아니게 미약하지만
생가슴마다 다독이며 풀쳐 다잡는
여설如說이나 은정恩情 그대로만 추기네
암 잠 마짐 깊이 미쳤느지
모두 그만큼 송알송알 화창해지네
모두 그만큼 맞춤히 화충해지네

이때다 알맞게 뜯이했으니 재양쳤으니
든손에 든손 더 미장할까 싶어
우리가 앞으로 속초續貂할 더 올릴
그 일은 무엇인가 찾아내라고 바로
꼼짝없이 빚지우네, 감동뿐이네

[첨언] 서대문구 '안산' 아카시아 꽃길 20리를 거닐면서 벌과 나비들이 꽃송이를 훑는 정경을 풀이한다.

* 내관 : 마음을 비우고 고요히 갖춰 자신이나 상대 속내를 관찰하는 것.
** 온축 : 마음속에 쌓아 둔 것 또는 학문이나 지식을 많이 쌓은 것.

산나리꽃 1

불등佛燈 유난히
환하고 우뚝하여

산바람도 알고서
선덕禪德 받들어
무롸낼까 다짐하네

뜬것들도 알았는가
오롯이 여미고
되새길까 헤아리네

산나리꽃 2

암자 초입에 초롱籠 그대로
잔잔히 슬그미 따뜻이 환하여

산벌 산누에나방 덜렁쇠들도 맞질리는
빛발에 번드쳤는지 조심조심 주위를
살피다 뜯어보다 선소릴* 길게 돌리며
추어올리네 한통칠가 아양 떠네

어느 속바람도 저 선심禪心 운김에
쐬거나 감기면 곧 선방에 들어갈
채비하지 않겠는가

밤에도 달빛과 함께 합심해서
잡풀들 개미들까지 어루만져 다스리고자
무언가無言歌** 부르며 깊숙이 메기며
맞수로 화운和韻하며 호기를 덧게비치는
극진함인데 뉘 저런 무에리수에!***인가

낮잠겠는가 되레 뜻밖에 맞질린
가슴들은 꼼짝없이 붙들린 대로
녹신해지며 그만큼 화순化醇해지겠네

---

* 선소리 : 및및이 둘러서서 주고받아 부르는 속요.
** 무언가無言歌 : 가곡과 같은 선율 양식으로 된 기악소곡器樂小曲.
*** 무에리수에 : (감)장님 점쟁이가 돌아다니며 점을 치라고 외치는 소리.

봄이면, 저 불길

멀리멀리 산자락 몇 리 족
만발 철쭉꽃 불길 불구름
흘근번쩍 휙휙 씩씩
부라질하네 달려나가네

토라져 멀리 떠난
옛 임 그 텡쇠 소심
아직 부루나가며 되오르게
불러일으킬가 흔드네 끌어당기네

먹통 겨울도 타일러 길 뚫은
억척 신앙이므로
길년吉年 여부 따지지 않고
화동和同하잔 눈빛 열기 무장
화드득거리네 파고드네 감들이네

스스로 박동 소리까지 활활 태워서

하늘나라 별빛 올라앉아 영원히
맞손으로 서로를 감싸고 돌까 싶어
된불질 더 쫴치네 올리네

저런 불가당 사랑 상상이나 하겠는가

봄바다 풀이
― 제부도 해변에서

아스라이 가물가물 가없이
일로 트였네

잔잔히 번득거리네

반갑게 손짓하네

환히 웃어 잦뜨리네

휘뚜루 풀어내네 트네

물새들 쌍쌍도 춘정 푸는지
바다 오지랖 너그러움 배우는지
눈빛 올려 너울너울 오르내리네

여정旅情 더 돋우고 채우는
뱃고동 소리와 파도 역성도 엔간히
끓었는가 달쳤는가 번갈아 위로하며

무장 힘차게 길길이 멀리
헐근헐근 멱찬 듯이 부우웅— 부우웅—
맞대응으로 철썩철썩— 철썩철썩—
돌아 오르네 부치네, 이냥 아우거리하네
만물하네 자유자재로 각생하네

멀리 한가운데 두렷이 잡은
해신海神 살피며 두런거리며 챙기다
무량광 비춰 주며 덧올리므로
사위가 손 모아 귀재며 기약하네

자, 놀랍게도 뜻밖에도
민낯이지만 중후하네
휑하지만 가득하네
은근하지만 계시적이네
나붙었지만 다라니주呪* 산뜰하네

---

*다라니주 : (불)부처와 보살들이 선정禪定에 이르는 동안 생겨난 참다운 말씀들.

봄볕 풀이 1

두억시니도 방한복 소맷귀로 스민
봄볕에 새로 정신이 나서 곧추고는
밖을 내다보면서
 "부서서 어리어리해진다
 싱그러워 들뜬다
 향기로워 취한다
 야싸해서 오른다"고
속맘 털어놓는 걸 보니
봄볕은 선도하는 선각先覺 아닌가

때마침 눈가량에 건너뵈는
고목古木 밑동에 핀 웃음 머금은
새싹들도 맞수로 반갑게 내밀면서
화답하는 듯 말하기를
 "따뜻해서 넉넉해진다
 안쓰러워 복받친다
 진득해서 든든해진다

새라새로워서 울력다짐시킨다"고
울결 처내는 걸 들으니
봄볕은 모두에게 고루 베푸는
화신化身* 아닌가

----

*화신 : (불)중생을 구제하기 위해 여러 가지 형상으로 세상에 나타나는 부처의 모습.

봄볕 풀이 2

아무리 아무리
꽁꽁 꽁꽁 얼었어도
녹이며 풀친다

아무리 아무리
깊숙이 깊숙이 숨었어도
추어내서 올린다

아무리 아무리
잘깃잘깃 잘깃잘깃 잔설殘雪 부녈서리도
더도리해 내보낸다

아무리 아무리
멀리멀리 생먹고 있어도
손가늠해서 한참 간질여 한통친다

소곳이 넉넉하여 더 따뜻이

추양하는* 큰맘에 뉘 거역하겠는가

---

* 추양하다 : (타)남을 추천하거나 올려주고 자기는 사양하다.

꽃이 지니 1

피고 피고 피어
웃음 향기 떨치던, 도르리하던
한창때 벌써 기우므로 운김에 가는가

못다 한 못도지* 죄책감 슬그미
차리고 나서 힘껏 당겨 대지만
순리順理 따라 간다고 손사래 치네

이제 몽당연필이 돼서 어눌한
이 심신心身이야 뭉긋거리며 모대기며
푸른 가지들 영성靈性이나 꾹 조심스레
하느님께 빌며 내세來世 기약하지만

드디어 '어두귀면지졸魚頭鬼面之卒'**을
몇 번이고 되뇌며 자책할 뿐이고 앞으로
내신來信***이나 반가운 내신內信****만을 가끔

뜨막하게 기다려야 하는 처지네

* 못노시 : 남의 논에 못자리를 이용하고 내는 세.
** 어두귀면지졸魚頭鬼面之卒 : 지지리 못난 사람이란 뜻으로 쓰는 욕.
*** 내신來信 : 남에게서 온 편지.
**** 내신內信 : 어느 집단 나라의 내부에서 일어난 소식.

꽃이 지니 2

바람에 불려 눈가량 거리에 떨어진
꽃잎들 조용히 둘러앉은 채
서로가 잘 그루 앉혔는질 물어보면서
의지적으로 썩 들어나쓰기하네

말없이 뜨겁게 쏴 대는 눈씨와
소리 없어도 절절한 가슴속이야 좀체
흩어지지 않고 훙와주산興訛做訕*하지 않고 되레
뒤받지도 말고 함께 다 카포da capo**하여
영감靈感을 은근히 불러들여 뒷심받자고
이심전심으로 나짐하네 뒤떠네

그 영감만이 미래 일이나 미래불佛을
예견해 더불어 갈 수 있다잖는가
그것만이 지기지심知己知心도 은근히
주고받을 수 있다잖는가

세勢 지나고 나서 남긴

뒷동***이 좋아야 영원하다고 하잖는가

감개가 짙어야 오래 붙매인다잖는가

* 홍와주산興訛做訕 : 있는 말 없는 말 지어내어 남을 비방함.
** 다 카포da capo : 처음부터 되풀이하여 연주하라는 뜻.
*** 뒷동 : 일의 뒷부분.

꽃이 지니 3

떠나서 안 보여도
무연無緣 결별訣別은 아니고 멀리서
온 정성으로 무어撫御한다고 하네

― 직지인심直指人心에 감탄할 뿐이네

― 순수順守에 깊숙이 좇을 뿐이네

― 순량淳良에 몇 번이고 씻길 뿐이네

― 화전化轉에 추앙할 뿐이네

― 원화소복遠禍召福에 안밀해질 뿐이네

낙화落花는 이미 천심天心을 앙겼기에
뒤안길에서도 불멸不滅 그 영생을 꼭꼭
쌓아 올리고 있네 더 높이도록 잇대서

줄사닥다리 올리고 있네
끝갈망으론 천궁天宮 마님 나서 일로
부루나갈 때까진 조심조심 무장 구수히
별곡別曲 읊조리면서 천운 따를 거라고
멀리 아래까지 눈빛 그 원려로 알리네

제2부

꽃구경

꽃구경 1~10
꽃 꽃 꽃 1~10

꽃구경 1

겸화하면서 더구나 진지한
손여언은 철부지 가슴마다 속속
깊이갈이하여 북을 돋우지만

그 붙박이 가슴소리는 얼마나 팔팔
끓어 끓어 벌불 지는지 새까만
먹통들도 새하얀 순정으로 쇠디기*하고

선방禪房 같은 몸맨두리 안 반짝이는
영성靈性은 쉼 없이 자강하여
좀체 도서지 않고 반열 길 내치다가
드디어 삼처전심三處專心**까지 이르러
일깨우고 함께 아우르겠네

---

* 쇠디기 : 쇳물을 틀에 부어 그릇이나 주물을 만드는 것.
** 삼처전심 : (불)부처가 첫째는 연꽃을 들고 대중에게 보이고, 둘째는 다자탑 옆에 자리를 절반 양보하고, 셋째는 열반 때 관棺 속에서 발을 내보이는 것으로, 중생을 구제하는 실천의 갖가지를 말하는 것.

꽃구경 2

오래오래 정성 다한
기도 속
발현하고자 조심스레 났는가

마주치자 바로
눈빛 생긋 들이세우고

말은 없어도
둘레둘레 살피며
사위하고 눌러보고

입성이야 화사해도
겸손히 잔잔히 진지하게
이심전심하므로

어느 덜렁이도 꿰어 붙들려서
꼼짝없이 다짐받고 훌쳐 점점

대아大雅*도 익히게 되므로, 옳지
웁쌀** 얹은 듯 찐더운지 허허 웃네

* 대아大雅 : 옳은 정치를 촉구하는 정락正樂의 노래.
** 웁쌀 : 잡곡밥 위에 조금 얹어 안치는 쌀.

꽃구경 3

누굴 위해 지금
건너보고 있는가

누굴 위해 지금
가리키고 있는가

누굴 위해 지금
빌고 있는가

누굴 위해 지금
흔들고 있는가

한번 진지하게 외쳐[一呼百諾]
모두 한 꽃으로[一華]
모두 화락으로[一和]
거듭나도록 촉구하는가

사방 눈길 가슴들 서로가 알게 모르게
알 결듯이 소통했는지 둥그렇게 둘러서서
서로를 더 듣고
서로를 더 알아 맞쉬고 맞잡아
흔들리거나 빠지지 않게 끄덕끄덕
다짐하네 느긋해지네 붙박히네

꽃구경 4

하 알뜰한 적성積誠이므로
하 당당한 정의情義이므로
하 넉넉한 떠퀴이므로

따니치기*에 놀아나 퍼석퍼석해진
풍각쟁이도 우연히 앞을 지나다 운김에
끌렸는지 치었는지 옮겼는지
숨죽이고 홀쩍이다 켕긴 대로 다듬대다
다시 되짚어 생각하다 깨단했는지
바듯이 추슬러 앞으로 다가서서
앙다문 채 이젠 잘 손 붙이겠다고
엎쳐뵈며 조아리다 웬 한참 등대하네

참 선도자先導者 여부없구려

---

* 따니치기 : 놀음을 벌이는 일.

꽃구경 5

작은 이파리 하나건만
닿거나 물린 입술마다 여부없이
맛발라 허기지게 한다니
조릿조릿 발리게 된다니

요정妖精 때문일까
풍미風味 때문일까
생동감生動感 때문일까
자성보다 은근하게 끄는 드레진
풍모 때문일까

꼭 터득해야 할 격格이네
꾹 좇아야 할 자선慈善이네

이런 경우 맞춤이나 돋움이나 통짜기로
나는 몸흙 북을 주고자
이슬 한 방울로 스며들고 그래서
새로 한 떨기 튼실히 드러나고 싶네

꽃구경 6

한참 한참 나도 모르게
얼빠졌는가 붙들렸는가 마땅했는가
멍하니 골똘히 지켜보면
그렇게 선하고 앙앙 절실한
그 영검까지 슬며시 맞질리는데

어쩌다 하필 이때
나비 벌들도 알고 나타나
한철 꿀 훑어 모아 끼닛거리 할
셈이라 먼저 힘꼴 꽃대 간질이다가
조심조심 슬금슬금 빚지시 받는 자리인가

더구나 그 곁에선
꽃정 꽃정신 꽃불길 앙양된
선녀仙女들 앙상블 마당 극치인 데야
뉘인들 뒷소리 보내지 않으리까만

들리고 들리다 불리고 불리다 흔드네
극야極夜 극음악劇音樂 극적으로
평정하네 숨소리까지 하얗네
이미 꾹 감고 퍼져 있네

꽃구경 7

쉽게 손댈 수도
헝클 수도 없게 착착 결은
꽃부리 위 꽃잎들 웃음 움나무에
한참 물끄러미 감동하고
이드거니 벙히 홀린 대로
새로 올라 싱그러이 크게 뜬
덜렁이 산벌 서넛도 너푼너푼
겨루는가 싶더니 아니게 저런
그 앞에다 깊숙이 엎드려
정념情念
정념正念 무롸내는지
화광동진和光同塵* 배우려는지 끄떡끄떡
뭉긋거리다 삼키다 가슴도 쓱 헤치네
산새도 건너보면서 뒷소리 지르네
땅도 스스로 삼사三思한 뒤 당당히
세상에 내세운 계시啓示라고 자랑스럽게
만타萬朶**에게 활짝 선언하면서 설명하면서

앞으로도 지켜 나갈 거라고 귀띔하네

화엄華嚴 높아라 거룩해라

---

* 화광동진和光同塵 : (불)부처나 보살이 중생을 제도하고자 속인俗人과 지내는 것.
** 만타萬朶 : 온갖 초목들의 꽃가지.

꽃구경 8

이른 봄 풀보기하러 떠나는 들뜬
새색시인가

늙은 엄마 몇 번이고 뜯어보면서
내 딸인가 선아仙娥인가 헷갈려
거듭 눌러보다가 저런 옥백玉帛*이라고
단박에 천만금으로도 숫보겠다 하네

이때다 맞잡아 맞뚫린
서로 가슴속 속내 활활 디고 타서
그 불길 길길이 높직이 아롱다롱
무지개 쌍무지개 서네

---

* 옥백玉帛 : 옥이 달린 비단(옛날 중국에서 제후들이 윗사람을 방문할 때 쓰인 선물).

꽃구경 9

어디서 부르고 부르다
한참 나서 들려온
가락인가

어디서 읊조리고 읊조리다
한참 올라 띄운
운율韻律인가

어디서 키우고 키우다
한참 들떠 싸서 보낸
그리움인가

한맛 한맛비 추스르고 북돋워서
한참 들어서 되갚을까 등대하니
무장 마땅해지는지 숭굴숭굴 잡아 주며
쉽네 그만이네, 또 빚지우네

꽃구경 10

내심은 더 깊숙이서
치열하게 필사적으로
부르르 떨며 누르며
앙다문 교합咬合에 교합交合
찬란한 환상 꿈속 온 힘에 쇄신碎身
우당탕탕 퉁퉁퉁
벼락 치는 데야

그리도 순하게 구수하게 고소하게
갖추고서도 먼저 조바심하는
응망凝望인 데야
맘에 들면 끌리면 바지지하면
의뭉 떨 일이 아니네 어서어서 먼저
저지르고 깡그리 태워서
한 쌍 혼백으로 하늘까지 오를 일이네

꽃 꽃 꽃 1

화사하지만 은근히 겸화한 그만큼

향기 뿜을수록 속속들이 깊이갈이하고

손여언은 안 토라지게 다독이고

가슴소리는 팔팔 끓고 끓어
먹통도 순정으로 쇠디기하고

영성靈性은 미리 알아 사위할
선방禪房도 꾸며 살피고

자강자신自彊自信은 처지지 않고
도서지 않고 반열에 의젓이 올라
삼처전심三處傳心처럼 에둘러 깨우치네

꽃 꽃 꽃 2

오래오래 숨차게 다진
각오와 기도 속 자강술에
자신 났으니 보람차게 발현했는가

마주치자 곧장
눈빛 총기 생긋 따뜻이
들이세우고

말없이 둘레둘레
헛길 헛일 손 떼라고 끈끈히
당부하고

입성이야 화사해서 돋보여도
조심조심 겸손히 앙가조촘
이심전심하고

몸매 간지고 여리지만

큰 정신 속 인심을 고르고자
대아大雅 썩 읊조리고

드레 빛살 보이지 않아도
불기운처럼 아리아리 속속 미치므로
딴맘들 비쌔어도 드디어 깨쳐서
가만히 돌아들어 조아리고

꽃 꽃 꽃 3

누굴 위해 지금
웃고 있는가

누굴 위해 지금
품고 있는가

누굴 위해 지금
올리고 있는가

누굴 위해 지금
천동天童* 길 빌고 있는가

(一化 一華 一和)

모두 어쩌다 눈가량에서도
읽었는지 새겼는지 터득했는지
손장난 거두고 되레 손잡고

으깍 드러내지 않고 줄줄이 소곳이
한편짝으로 들어가 더 서로를 듣고
어떤 경우에도
손자삼요損子三樂**엔 빠지거나 녹아선 안 된다고
다짐하네

---

* 천동天童 : 불법佛法을 수호하는 신.
** 손자삼요損子三樂 : 교만과 사치를 부리고, 일하지 않고 노는 것, 주색에 빠지는 세 가지 손해가 되는 것.

꽃 꽃 꽃 4

적성積誠이야 하 알뜰하므로

외침說破이야 하 당당하므로

정의情義야 하 순수하므로

하세월 오래 떠퀴만 믿고
따니치기에 놀아나면서 퍼벌했던
풍각쟁이도 우연히 지나다 치었는지
가까스로 되짚어 생각하다 홀쩍이다
그만큼 씻겼는지 다시 환히 쳐들어
앞으로 내밀고 바짝 다가서서
무얼 무롸내고 깨단했는지
앙다문 채 앞으로 잘 손 붙이겠다고
눈 주고서 엎쳐뵈네 다시 등대하네

꽃 꽃 꽃 5

어느 가슴속 깊이 잠은
근심 걱정을 일시에 뽑아내고서
정감 온기를 반지빠르게 바듯이 끈끈히
불리고 올리며 덧방붙이며 고르고서
새 꽃을 키우다 휘묻이하여 더 넓히다
때맞게 아늑히 앙양된
꽃정신 앙상블 마당 높이다
가끔 선하고 절실한
임 눈부처도 번갈아 일으켜 주네
바른 영검도 슬며시 맞질리네
좀체 꺾이지 않을
꽃대 힘꼴 터득할 일도 빚지우네
한철 훑어 모아 자랑할
나비 벌들도 알고 나타나 빚지시하네

꽃 꽃 꽃 6

안달 내색 없이 끙끙
피고 피어 번뜻이 드러냈다가
조촐히 지느니, 완필하느니
　　（自開自落）

무릅쓰고 앙앙 이겨내서
마뜩하게 넉넉하게 지녔으므로
고루 도르리하느니, 돌려주느니
　　（自强不息）

맞게 결은 꽃잎들에 감동한
이웃들 받들어 좇으며
화친 배우느니, 깨치느니
　　（自然之和）

여러도 맞잡아 울력 힘으로
선도하고 높이고 넓히므로

후미지고 썰렁한 데서도
웃음 함성 오르느니, 울리느니
　　（自然之樂）

꽃 꽃 꽃 7

동안거 끝낸 뒤 기운 올리고자
새 봄볕 마당에서 바람춤 들노는
바라지 곁눈질에 걸려 어리벙벙해져
새치름히 바르르 살포시 외어앉는
저 송이 수줍음이야 곰곰이 깊숙이
달아 보는가 슬금슬금 눈짓하다 점점
울렁거리므로 너부러지므로

스스로 높이 둘러친
향기 울[柵] 기웃이 샐룩 샐룩 와르르
무너지면서 넓게 흐트러지므로 게다
번쩍번쩍 빛살 치므로 날아오르므로

가까이 올망졸망 잡은 여린
애순(筍)들 놀란 듯 부러운 듯 쳐다보다
실긋샐긋 부푼 대로 붙박아 대고
안채는 대로 주섬주섬 안아 앙구건만

송이 송이들 무장 양양히
안으로만 자양하여 힘줄기 실하게 불려
실정實情 거듭나서 만방을 풍성하게 하니

아지랑이도 낌새 알고 앞으로 내려와
군침 흘리다 다시다 헛기침하다
상기되다가 다시 생긋이 나긋이
궁리 몰두 끝에 일순 다르르
손짓춤까지 길게 가만히 돌리면서
내쳐 휘둥그레지도록 꽂아 휘어드네

화화華花 그 지성至誠에 끌린
땡감들도 오롯이 익어 감든다네
화화華花 그 화도化導에 새로 열린
늦깎이들도 끙끙 꼼꼼히 매기단힌다네

꽃 꽃 꽃 8

동백꽃과 동방洞房할 길조냐
길조吉鳥가 움켜쥔 배롱나무꽃이냐

봄날 풀보기하는 날
새색시냐

큰딸 맞는가 헷갈려
몇 번이고 뜯어보네

선녀냐
옥백玉魄이냐 천만금으로도 단박에
솟보겠네 다 바치겠네

맞붙은 눈길 가슴들 절로 여부없이
슬슬슬 녹고 녹다 활활활 타고 타는
불길 빛발이야 아롱다롱 길길이 높직이
무지개 서겠고 저런 길바로 옜다
먹구름도 쳐내고 오작교도 놓겠네

꽃 꽃 꽃 9

치열한

필사적

환상적

교합咬合 앙다문

교합交合이네

꽃 꽃 꽃 10

부르고 부르던
어디서 들려온
가락인가

읊조리고 읊조리던
어디서 띄운
운율韻律인가

키우고 키우던
어디서 조바심한
그리움인가

태우고 태우던
어디서 솟구친
가슴속 불길인가

본디 한맛 한맛비

모두를 추기고 등대하므로
숭굴숭굴 쉽네
둥굴둥굴 편하네

제3부
매화꽃 읽으니

이슬
또 조약돌 풀이
보리밭 읽노라니
밀물 이야기
해변 환상
뜨거워서 서러운
암, 북두이런가
한 송이는 그렇게 떨친다
구름
봄날 띄우는 편지 1~5
매화꽃 읽으니 1~6

이슬

항아姮娥 법도 닦느라 흘린
속눈물 잔천殘喘*인가

젖몸살 뒤 젖물인가

낮거리 목덜미 땀방울인가

천둥 번개 불호령에 놀란
초목들 온몸 진땀 방울인가

세례洗禮에서 흩뜨린 물방울인가

선각先覺 설파에서 튄 침방울인가

천하가 추어 주는 밤 식한
침어낙안沈魚落雁** 치상 구슬인가

---

* 잔천殘喘 : 겨우 붙어 있는 목숨.
** 침어낙안沈魚落雁 : 『장자』「제물론齊物論」에서 나온 말로 '으뜸 미인'을 뜻한 것.

또 조약돌 풀이

무한 세월 속 흐름에
깎이고 깎여 아니 스스로 다듬어서
동그래진 단단한 깔밋한
격格

말이 없고 흔들림 없이 붙박힌
자중自重

한참 지켜보다 뜨께질하면* 귀재면
가슴속에 청수淸水 흐르고 흐르다 점점
찰랑찰랑 감돌아치다 솟구치면서 일순
짧은소리 긴소리 소리 찡 울리는데
소라가 부르는 바다노래 가락 소리
환청 되네 부니네 감치네
밤이라 나지막이 내려온 하늘
샛별도 따라 부르는 소리 소리
훨씬 간질이네 부풀리네 달차근하네

물새는 그 옆에 바짝 붙어서
밤잠 자양自養에 들어 꿈길인가
숨소리 곱게 풀어 대며 가끔 꿈실거리네
오지랖이야 하도 넓고 부드러워서
갖가지 꿈꽃들 실컷 뒹굴뒹굴하겠네

한 개 돌멩이만이 아니고
천리天理를 터득하고 속초하는
낮은 자세지만 높게 지혜롭게 뒷배보는
향사鄕士 그대로 넉넉하게 따뜻하네

---

* 뜨께질하나 : 남의 맘속을 깊이 떠보다.

보리밭 읽노라니

오월五月 푸르름은 지천으로 풍성하게
출렁출렁 간질간질 넘쳐흐른다

청靑보리밭은 바람들 장난질에만 따라
흔들리는 게 아니고 새 새끼들 숨박질로
휘저어 대기도 하여 눕닐어 퍼지지만
때론 물오른 총각 처녀들 누가 먼저랄
것도 없이 후딱 뛰어들어 뱀인가 마구
감고 핥으며 뒹구는 바람에 뭉치로 쏙
쏠리고 무너지고, 웬 불까지 일어나고
한참 지나서야 그자들이고 보리 싹들이고
한맘들 얼씨구 좋아서 고소한 맛에
상팔자 빌기 노래한답시고 활짝 젖히고
청보 장단* 늘어지게 잇대는 거였다

망구望九이건만 추억 맛보기로 제법
간간새콤해서 군침도 술렁술렁 솟군다

이왕에 춘향이 속풀이 될 만큼 풀어 대라
역설로 과부 약 올릴 정도 뽑아 대라
뿐이냐 노처녀 가슴을 저미게 울려 대라

---

* 청보 장단 : 강원도, 경상도 지방에서 부르던 무아(巫樂) 장단.

밀물 이야기

그일 보내고 돌아오는
발걸음인가 덜하네

먼 그리움 먼 그리움 덧붙는데
앞으로 속정情이 변하지 않게
덧소금 얹어 주는
떠난 이 정성인가 갸륵하네

끼룩끼룩— 끼룩끼룩—
물새도 알고 앞으로 날아와
나너온 이 서운힘과 새 다짐을
투합시키자고 열심히 메기는
선창先唱인가 진지하네

이왕에 다시 돌아온 형편이니
아늑한 섶 자리 잡아
무더운 날 어지럼이나

어둡고 추운 밤 외로움 자학일랑
고스란히 찬찬히 빈틈없이 다스려
거듭날 일 꾀하네 놀랍네

가만가만 사분거리다 들먹이다
바람만 바람만 굽어보며 지실하던*
노을과 그 잔챙이들 해안산맥 그림자
위로 높이 쪽빛 하늘 눈빛도 합세하여
찢기고 헝클어진
망설임은 이젠 걷어치우라네 양양하네

모두에게 먹돌한테까지 빠짐없이
'존재와 향방'을 확인해 주는
저 밀물 영성 오르며 더 오르며
멀리 아스라이 보일수록 그마큼
모가질 길게 뽑아 올려 뒤돌아보라고
신신 당부하네 빛지우네 드디어

자신도 갈 길이 아직 멀다고 들메하네**
어떤 경우에도 언치 뜯는 말***이 돼선
안 된다고 무장 일깨우네
그 길은 내가 얼갈이해야 한다고 치네
얼마나 미더운가 고마운가 뿌듯한가

[첨언] 충남 태안반도 해변을 거닐면서 밀물이 들어오는 정경을 쓰다.

---

* 지실하다 : (타)자세히 알아내다, 죄다 챙기다.
** 들메다 : (자·타)신발이 벗어지지 않게 끈으로 발에 동여매다.
*** 언치 뜯는 말 : (구)같은 혈족의 것을 해치면 자신을 해치는 것과 같다는 뜻.

해변 환상
— 그 사랑 찬가

어여차 어여차
떠난다 떠난다

어여차 어여차
노櫓 저어라 힘껏 저어라 저어라

어여차 어여차
파도 넘자 파도 넘자 박차서 헤치자

어여차 어여차
수평선 접수하자 죄다 접수하자

어여차 어여차
용궁龍宮 다다르자 어서 다다르자

어여차 어여차
용고龍鼓 두들겨 고하자 두들겨 고하자

어여차 어여차

용녀龍女 아수라녀 속맘 무롸내자면 꼭

알토호른alto-horn도 불어 대자 세게 불어 대자

어여차 어여차

물새들도 불러들여 살랑살랑 돌리는

춤곡 춤사위 부탁하자 살그미 추기자

해신海神한테는 정중히 정축하고 끝까지

가호와 뒷배를 의탁하자 의탁하자

드디어 자허하여 투합한

서로는 앞으로 개척할 새 세상에선

맞수로 맞쐬면서 으꺅 없는 한통속에

한량없는 정성 살손 붙여서

모든 일 사랑옵제 해낼 것이며

어쩌다 이웃 진정곡秦庭哭*에도 함께

돕고 배울 거라고 하네

참사랑은 숫볼 수 없으려니와
시련 없이 감 배 내는** 일 아니라네

---

* 진정곡(秦庭之哭) : 어려워서 남에게 도움을 청하는 사정.
** 감 배 내다 : (구)자기 뜻대로만 마련하다.

뜨거워서 서러운

그 눈빛은 꼼짝없이 붙잡아
깊숙이 짱짱하게 붙박아 놓더니만

말없는 이심전심은 살살 가만가만
들먹이다 쫑쫑 감치더니만 속속
훑어 대더니만 한데로 새어나가지 않게
내다지도 맞질러 놓으므로 차츰차츰
서로 속정 온감 바듯이 흘러들더니만

늦이 되었는지
열혈 솔솔 타오르며 타오를수록
새빨갛다고 할까 시퍼렇다고 할까 이냥
꽃불길 불타므로 더 뜨거워 흑흑흑
서러운 대로 서러워 타드랑거리는데

둘이의 화정華精 투합이라네
둘이의 정철正鐵* 쇠디기라네

둘이의 무량無量 영생이라네

---

* 정철正鐵 : 불순물이 섞이지 않은 강한 철.

암, 북두北斗 이런가

꽃 꽃들
화사하게 웃고 있으므로
그만큼 눈길들 끌어들이고

꽃 꽃들
방글방글 새살거리므로
그만큼 마음有情들 꾀이고

꽃 꽃들
너울너울 추어 대므로
그만큼 넋두리들도 넋 놓는다지만

저리 높아 높아서
아련히 유정幽靜하고 유암하여 더 넓은
하늘 북쪽 그 가운데 가부좌한
북두北斗 그 햇불 한번 휙 돌리면
먹구름 회오리바람도 가라앉힌다지만

절실해 붉게 타는 가슴속에다 햇발만한
눈빛 그 눈씨는 산봉우리마다 뚫어서
길[道]을 냈고 달리 없으므로
'임'이야 그 길 깐닥깐닥 해찰스레
오다가 가끔 돌부리에 걸려 배쓱거려도
꾹 화장걸음으로 와서 밟네 한포국하네
귀심歸心이네 화심花心이네 충정衷情이네

그래 모정慕情도 북두이런가
밝히네 토렴退染하네 바른마침하네

[첨언] 남쪽 고향 산천 여행 길 고흥반도 녹동 여사旅舍 앞 밤 바닷가에서 별을, 북두성을 읽는 소회를 쓰다.(2014. 11. 6. 밤)

한 송이는 그렇게 떨친다

사무칠수록 흘리고
흘릴수록 더 멀리 아득하고
아득할수록 하늘 빌므로

자우慈雨 내리므로
내릴수록 촉촉이 감돌고
감돌수록 천지 기운 합심 잡히므로
싹눈 향기 슬그미 쳐들고 화답하므로
햇살은 떨새 달아 주고 더 출렁이므로

쇠스랑도 알아 한눈 거두고
소스라치게 곧춰 벌떡 용쓰다가
몸흙 올리므로 더 돋우므로
그 송이 그제야 감동했는지 자허하여
크게 외치므로 스스로 더 힘져
당당히 나서서 쌓아 올리고자 넓히고자
앞길을 설파하므로 깨우치므로 열므로

부딪쳐도 모질음으로 뭉개고 쳐내므로
우박까지도 너그럽게 안아 풀치므로

모두 묵묵히 떠보네
모두 깊숙이 감복하네
모두 벌겋게 다질리네
모두 뭉실뭉실 뭉치네

그대는 지금 지금
어떤 한 송일 도모하는가
그 정화靖和*를 기약하는가
그 화명和鳴**을 북돋우려는가

---

* 정화靖和 : 지도자가 잘 다스려 인심이 부드러워지는 것.
** 화명和鳴 : 새들이 즐겁게 지저귀는 것.

구름

소년들 꿈나라인가

하늘나라 선녀들 가무歌舞 수련장인가

무당들 춤사위 경연장인가

한천旱天에 우의雨意 무더기 발리기인가

원혼冤魂 달래는 지노귀 주문呪文인가

월광보살상像 모신 월궁月宮 정원인가

태평太平 비는 월령체 시문時文들인가

영곡郢曲*도 쫓는 영혼들 유희삼매遊戲三昧**인가

천리마千里馬 단련시키는 번개 번쩍이는

멀고 먼 높고 높은 길[道]인가

가물 물난리 예방을 위해
천신天神이 때맞춰 읽은 기도문인가

앞선 그리움 소망이 손짓해 잡아채서
함께 천사슬 천유天遊 누리는 아늑하고
단란한 누대樓臺 보금자리인가

견우직녀도 칠석七夕엔 뻘뻘 흘리면서
무지개 건너지르고서 밟아 내려와
합환주 나누며 기약하는 천궁 안방인가
틈새로 들려온 대로 뜨거워 휘갑치므로
다물고 감았어도 선하고, 새콤달콤한
마련해서는 뭉텅이 오미五味 이닌가

밀월蜜月 밀의密議로 밀산꽃들 키우며

환상곡에 젖어들어 달뜨는 경지인 데야
그 운김에 깊숙이 물려 잡힌
영검靈驗과 영성靈性도 흠내 맡아서 잘
벋어나고 떨치고 넓힐 적소 아닌가

하늘땅도 마뜩해 뜻빛갈 뜻매김해서
삼함三緘으로 붙여놓은 정양원 아닌가

아으, 장쾌하여 말문이 닫히면서
저런 보완다보왜라*** 보완다보왜라 들리네
앞일 새 각오 추스르네

―――――――――
* 영곡鄙曲 : 비속한 노래.
** 유희삼매遊戱三昧 : 부처의 경지에서 노닐면서 무엇에도 사로잡히지 아니함.
*** 보완다보왜라 : (감)군인들이 노숙할 때 깊이 잠들지 말라고 외치는 소리.

봄날 띄우는 편지 1

늦봄 빗밑이 무거우므로
꽃송이들 눌려 떨어지는구려

꽃이 진다고
그 꽃정 꽃맘이야 쉽게 사라지겠는가

꽃이 사라진다고
그 뒷생각 뒷불이 얼른 꺼지겠는가

꽃이 당한다고
그 작은 덧눈인들 뒤로 물러서겠는가

꽃가지가 무너진다고
그 속뿌리 곧바로 멈추겠는가

봄날 띄우는 편지 2

그 텃밭 양지바른 데는
장다리꽃 곱게 피었죠
그이 가슴팍도 물올라 감들어
산수유꽃들 총취해 겨루고 있겠네요

그 집에 가까운 강가엔
피라미들 톡톡 봄물 입질하겠네요
그이 오지랖도 실긋실긋 설레겠지만
봄기운 아지랑일 오착誤捉하진 않겠죠

그 집에서 쳐다보이는 산자락엔 오래 산
텃새들 봄맘 푸느라 휙휙 뒤넘기치겠죠
그대 속정도 그런 정경에 취해서
보글보글 석어 향기 뒤발하겠네요
뒷감당에 벌겋게 쏴 돌리는
눈총기 여기 꽂히는가 썩 뜨겁네요

물과 땅은 서로 드티지 않게 또한
무너지지 않게 도모하고 점수해서
많은 생물들 키워 내듯이 언젠가 날아든
그이 먼빛 지성을 조심조심 키워서
지금껏 화운和韻 맞수로 삼고 있네요
가끔 한밤 탄금가 불러 선禪에 드네요
만만한 그 더늠 진지하기야 휘어잡네요
두드러진 그 열심 벌겋기야 태우네요

봄날 띄우는 편지 3

봄이 왔네요
내 서재에도 왔네요

거리마다 골목마다
봄꽃들 출렁거리네요 몰아치네요

여인네들 모였다 하면
옷매무시 자랑인가 수선 떠는가
서로 먼저 오토마티즘* 까발리는가
시끌시끌 들썩들썩 내로라하면서
봄 기분 웬만큼 풀어 놓네요
진짜 봄은 밖에서 들여다보다가 바로
놀라서 질려서 주저앉네요

광화문광장이나 서울역광장에도
봄들은 외쳐 대며 흔들며 박고 있네요
확성기 소리 소리들 오가는 이 붙들고
가슴팍 째지도록 비장하게 찌르네요

삶은 본디 시끄럽다지만
봄도 시새우며 헤뜨리네요 된불 쏘네요

웬만큼 발광하고 분토하던
봄은 가고 멀리 떠나고
미련만 일어나네요 불어나네요

봄은 안 보이고
기도만 엎드려 있네요 깊어가네요

돌아보니 돌아보니
더넘**들 붙잡고 웅성대고 있네요
어느 웅시雄視는 말없이 눌러보면서
손짓으로 다독이네요 암지르네요

봄은 허전하고 얄밉다고 생각한다면
스스로 정분을 덜 키운 탓이겠네요

---

* 오토마티즘 : 자동적으로 움직이는 것.
** 더넘 : 넘겨 맡은 걱정거리.

봄날 띄우는 편지 4

안 들려도 절실히 쏴 대는
봄날 순기順氣 깊숙이 박히므로

늦잠 못 이겨 뒤치는
땅속 미분음도 깨쳤는지 깜짝 외치네

오래오래 그만큼 당해서 당당해진
화기和氣들 조심스레 미립나는지
손 내밀고 때 알리므로
여기저기 때 놓치면 안 된다며
가슴속 불기운 뜨거이 불리면서 연방
몰아붙이네 몸까지 타도록 제곱하네

세상에 어디 쉽게 그냥
바치지 않고 태우지 않고
천사슬 익히지 않고 순리 따르지 않고
꽃 꽃 꽃

그 정화精花 그 정화頂花 피겠는가
드날리겠는가 받들리겠는가

필지 말지 반신반의하는 것은
조롱하는 것이네 배신하는 것이네
밤낮 모르고 정성껏 두들기는
북편便*이라야 만심 쫓아내고 그빨로
한통친다네 더는 만수산 구름까지
모여들어 축원하게 한다네 다잡는다네
엄숙한 이 봄날 어련히
심보 뱃심 다 쏟아 뒷배보게 한다네

---

* 북편 : (음)장구를 손으로 크게 쳐서 소리를 내게 하는 것.

봄날 띄우는 편지 5

멀리멀리 아른거리는 멈칫거리는
곤댓질 먼저 채근하는 것 같으므로

그리워 더 그리우므로
눈뜬 장님이 되는갑네

들떠 무장 들뜨므로
아지랑이 피어 오르는갑네

훑어보다 무장 놓어보므로
내다지 나서 들여다보게 되는갑네

끓이며 속속 끓이므로
향기에 어리쳐서 몽롱해지는갑네

몽상에 취해 갈래다가 휙 공간반전해
어떻게 모르게 다가가는지 아니 반대로

그 내명한 이가 어서 끌어들이는지
서로 주섬주섬하다가 비등점에 알맞게
맞닥뜨리므로 서로의 내밀들 톡톡 터지며
불길 벌겋게 타오르네 불꽃들 날리네

서원미사*까지 올리며 서약하네 일후하네
곡수유상曲水流觴**까지 미리 기약하네

---

* 서원미사 : (카)특별한 간청에 따라 축원 미사를 올리는 것.
** 곡수유상曲水流觴 : 인공의 정원 연못 물길에 띄운 술잔이 앞에 이르기 전에 시詩를 한 수 지어 읊는 놀이.

매화꽃 읽으니 1

처음 띄는
모양은 간지고 여리지만

내심은 모질음 써서 쉼 없이
매일 이슬에 감고 또 감고
햇빛 달빛에서 기氣 받아 조리하고
자양하여 키운 조리操履* 큰뜻인 데다

눈총기는 얼추 아른아른 멀리까지
불러들여 따뜻이 풀쳐 돋우는
선각先覺 따끔령이므로

그 앞에 모여든 장삼이사張三李四들 둘러서서
모음곡 합창 얼싸얼싸 높이는데
어디 에로스Eros도 뜻밖에 나타나
나비들 시중까지 받아 함께 양양히
화창술話唱術 한참 펼치네

딱장대도 켕겼는가 저만치 외어앉아
끄덕끄덕 새길수록 점점 득진**되는
바로꽂이 강설講說이네

---

* 조리操履 : 지조를 지키면서 행하는 태도.
** 득진 : 참내용을 알아내는 것.

매화꽃 읽으니 2

잔설残雪 저항 숨소리 아직
훌라들이면서 아서라 막서는데
뒤뜰 매화나무 울타리 소리 기척 벌써
내미는 듯 다가오는 듯
튀는 듯 다시 내려앉는 듯
세勢 올리며 귀청 울리네

저런, 눈빛 높이고 발개진
매화들 까닭에 한참 투합하느라
동동 댕댕 치고 두들기고 뜯네
아니 놀랍도록 사분자분 지런지런
누군 훈燻* 불고 불고
누군 지篪** 불고 불고 불고
누군 현가弦歌*** 길게 뽑고 뽑아 뽑아 대네

겨우내 맞수로 맞쐬고 의지하여
때벗이하자고 꾸준히 헤아리며 함께했던

동장군 떠나는 길 비는, 담보하는
저 연주 잔치
그 훈지**** 화華 빛살 앞으로 봄맞이서
맨 앞에 선도자 굽어보며
좀 어둔 눈길들과
응달 배곯이 어눌까지 불러일으키고는
멀리 산빛 하늘빛 기운 받아 자라서
세상에 우뚝 서야 한다고 당부하면서
휘뚜루 뒤보아줄 태세네

두루 고루 챙겨 매진하는
그 발심이야 온 정성에 받들려 태우네

---

* 훈燻 : 고대 중국에서 형이 불던 악기.
** 지篪 : 고대 중국에서 동생이 불던 악기.
*** 현기 : 현가絃歌 : 현악기를 타면서 부르는 노래.
**** 훈지 : 형제가 화합함을 말할 때 쓰는 짓시늉말.

매화꽃 읽으니 3

소박해도 잔잔히 당기는
눈웃음 그 성결로 꽁꽁 싸매서 팅팅한
속뚝심만으로 설행雪行 마친 뒤라서
늦잠 눈서리 싹눈들도 후딱 깨워
옹기종기 둘러앉히고는 한참
한송정寒松亭* 읊어 주고 풀이하면서
당당히 영피도록 벼르도록 때맞추도록
속속 추긴다 뒷배본다

말 없는 눈매는 소곳하므로 좀체
저항하지 않고 전사늘 따리 꾸준히
꼽는다 자득한다 더는 멀리
천 리라도 미칠까 하늘까지 감동시킬까
쉼 없이 술대 치듯이 눌렀다 놓았다
퉁긴다 통탕거린다

벌겋게 이글거리는

속정情은 점점 벌불 번지다가

활활활활 불길 높이면서

되내기 장작 안 때고도

팔팔 끓고 끓어 달쳐서

오래오래 지닐 예언적 훈暈** 띤

은장도銀粧刀로 쇠디기되겠다

---

* 한송정 : 고려 시대에 백성들이 민심을 섞느라 부르던 가요.
** 훈暈 : ① 햇무리 달무리처럼 물건 중심을 향한 테. ② 그림이나 글씨에서 빈지는 물감의 흔적.

매화꽃 읽으니 4

여린 듯 깐깐하여
어렴성에 어뜩 어뜨무러차 흘러보니
먼저 알고 생긋이
만면 기쁨 내밀고 쉽게 맞네

보이지 않아도 어리치는
몸 향기 그 온감 점점
감아들어 죄고 동이니
언제 드티인 사이였는가도 모르게
등대하게 되는데 그만큼 그빨로
속내 익히기 한판 가볍게 벌이네

그때 그대였던가 추억할
겨를 없고 꿈인지 생시인지 모르게
맞손잡아 깊숙이 한통치면서
점점 허허 벌렁 퍼져 확인하네

제발 제발 덕분에
서로가 뒤에서 뒷말하지 않을 것이고
언감히 언감생심에
달나라에서까지 함께 흙내 맡기*를
빌 뿐이네 비손할 뿐이네
꿈나라 꿈 밖인 그이로 영영
받들고 울어 따를가 하네

---

* 흙내 맡다 : (구)옮겨 심은 나무가 새 땅에 뿌리를 내려 생기가 나다.

매화꽃 읽으니 5

일생 내내 사표師表 살 셈으로
스스로에게 눈보라 길도 터울거리라고
몰아쳤는가 지적댔는가

앞선 자신이나
뒷줄 늦깎이들 되레 나직나직 선선히
바람꽃도 안아들여 풀칠 만큼 검질긴
몸닦이 마쳤으니 얼핏 봐도 깊어진
선각先覺들이네

멀리 아른아른해도
눈가량에 바로 걸쳐 닿은 듯
속내 그 훈향薰香 몇 번이고 감아 대므로
돌아서면 말에 말끝 달기 좋아하는
훑이나인*까지 거듭나게 하는 소탈한
또 다른 훈회장인訓誨匠人**이네

먼저 뜬눈으로 기다리고 있던
그이 덕담 너스레 앞에선
햇귀도 꼼작 엎쳐뵈고 읍揖하고는
둘레둘레 살피면서 앞으로 합심해서
터수를 잘 쌓아 올리자고 권하네

저만한 풍미風味 풍미豐味 달리
또 어디에 있겠는가

---

* 훝이나인 : 왕궁 안에서 심부름하는 나인(궁녀).
** 훈회장인訓誨匠人 : 조선 시대에 견습생 장인匠人을 훈련시키는 큰 장인.

매화꽃 읽으니 6

엷붉어 해맑게 환한
모습 그 수줍음
누구 그년가

안 드러내도 언뜻언뜻 빛 쏘는
강판 속 그 기개
누구 그인가

투박하지만 차질어 되게 감치는
손아귀 그 뒷불 잔자성殘磁性 자품
누구 누구 어버인가

까슬까슬 강마르고 고부랑해서 더디도
세상 잔풀호사 잔풀내기들 찾아오면
먼저 어험스레 말문 막고서 바로
깎아 내고 도려내서 번드치는
소리 없는 큰소리 그 척당倜儻*

누구누구 상좌가**

나도 늦게 이제야 켕겨
숙이고서 언저릴 자박거리며
늦꽃들 만타萬朶***들과 무롸낼 뿐이네

---

* 척당倜儻 : 뜻과 기개가 크고 높음.
** 상좌가(上佐인가) : 상좌는 사승師僧 가운데 제일 높은 분.
*** 만타萬朶 : 온갖 많은 꽃가지들.

제4부
단풍과 향수

한 톨 알밤
가을이 오는 풍경
여름과 가을 사이
노랑 갈대 앞에서
가을 산천 유람
늦벼 익고 있네
공간에 공간
달밤에 쓰는 편지
가을 정경 1~5
이 가을에 미루어 생각한다 1~5
단풍과 향수 1~5

한 톨 알밤

툭툭— 툭툭—

한 톨 떨어지네

— 알가관정閼伽灌頂* 치르네

— 벌선伐善하네**

---

* 알가관정 : (불)불도를 수행하는 사람의 머리 위에 향수를 뿌려 그 수공修功을 증명하는 것.
** 벌선하다 : 자기의 선행을 뽐내나.

가을이 오는 풍경

색색이 고와
익음을 일깨우네

낙엽이 쌓여 가니
떨어짐을 아네

하늘 훵해
높아짐을 보이네

장독대 지키며 둘러선
맨드라미 봉숭아 화정華精 번쩍거리네

귀뚜리 목청 절절해
깊은 밤 정담 불러일으키네

만만滿滿해져 풀어 놓으니
거문고 소리 그립네

그녀 섬섬 옥수 자성磁性 짙어 가는가
맞수와 단꿈을 어서어서 서두르므로
아랫목 공단 이불도 먼저 기다리네

화령花翎*가지 달고 어험스레 나타난
달[月]은 긴 눈을 더 길게 두리번거리며
심술쟁이 장난을 막고 있네

---

* 화령花翎 : 옛날 중국 황족이나 고관들이 쓰는 모자 뒤에 늘어뜨리는 장식용 공작 꽁지.

여름과 가을 사이

피서객 떠난 골짝
매미 가락 신등지게 더 높아지면서
개울 소리와 겨루는 듯 앙그러지고

가죽나무는 성질 급한 탓인지
떠난 호랑나비 춤사위 그 힘짓 다시금
그리워서 불러들이고 싶어서인지
벌써 입술연지 불그레하게 바르고
스스로 자글거리며 멀리 손짓 띄우고

오를 땐 못 봤는데 내려오다가 잠시
골짝 들머리서 눈가량 멀리에 잡힌
밭뙈기 논뙈기엔 수수 벼들이 누렇게
웃으며 서로를 치하하고 기약하고

하늘은 솜구름 조금 펼쳐들고
앞으론 청천백일 나도록 힘쓸 거라고
청진하게 힘지게 흔들어 대며 눌러보고

끝누에 똥 긁어모으는 천진한
순純농심 촌가시내 손끝 소리 그 수음殊音
아련히 들리다 점차 흡착하거니와

듬뿍듬뿍 넉넉한 계절에 질척질척 빠진
자증 사랑도 부둥켜안고 무장 곰질곰질
생글생글 발그름히 짐벙지게 풍영하게
석류알로 익지 않으리까만, 지레짐작
재빠른 낮놀이 벌 떼도 뒷소리 보내는가
윙윙거리면서 종종 가쁜 숨 메기는구나

감동 감격에 늦이구나
갈증에 한 모금이구나
늦깎이에 화엄산림華嚴山林*이구나

---

* 화엄산림 : (불)한 달 또는 두 달 간격을 두고 『화엄경』을 강설하는 것.

노랑 갈대 앞에서
— 가을날 일기

바람도 무게가 있는가
햇살도 근량이 있는가

세게 불면 떨어지고 꺾이고 무너지고
쨍쨍하면 시들고 타고 엉그름 생기고

나무들 꽃들 곡식들
도랑물 수초들 피라미들까지도
바람 햇살 심기 따라 어디다
장래를 그루 앉힐 것인가 결정하게
되므로 감히 자연성 천사슬을 위력을
낮게 보거나 거역할 수 없겠다

밭둑 도랑가에서 노랑 갈대 앞엔
은빛 바람이 먼전가
불그스름한 볕살이 먼전가 알 수는
없지만 서로 맞대고 속삭인다 떠본다

앞으로 얼마 남지 않았으므로 까다롭게
투덜거리지 말고 의좋게 지내잔 짭짤한
다짐을 약속했는지 화미한 얼굴들이다

우리 함께 옭매여 살면서 종종
엉덩잇바람 북돋워 주면야
가을볕 쬐어 주면야 더없이 보기 좋은
터수 올리기 아닐까

고요히 깊은 곳 곡신穀神* 조촐히
스스로를 굳건히 지키고 서서
띄지 않게 뜨겁게 모대기는데
다음 새 부침땅은 더 풍성하게 가꿀
원력願力 비느라 깊어지고 있는지
엄연하게 보이다 저렇게 진지하므로
천신天神도 보면 흐뭇해 뒷소릴 몇 번
보내서 무장 추어주겠다

허섭스레기 떠났고 거짓 없이 당당한
알밤들 조약돌들 꼭 붙이고 껴안아
그동안 힘겹게 키우고 불린
정情 흐트러지지 않게 께끼고 있으니
숨소리는 햇살보다 따뜻하고 두터워서
참 욕심나므로 쌀가 하니 힘드는데
되레 점점 끌려들어 동지적
물살 바람으로 내치면서 다져 그만큼
눈물 사랑 별빛에 엉피어 끼고 싶네

---

* 곡신穀神 : 곡신을 맡아 다스린다는 신神.

가을 산천 유람

늦가을 해질녘

벌겋게 타고 있는 단풍빛
덩달아 더 세게 휘돌리는
노을빛 그 빨강 불보라 종종種種*

서로 시새우는 듯 시새우는 듯 겨루다
자허하여 부추기며 터수 불리는
의합 열기는 사방을 일깨우면서 어차에
나이는 많이 들었지만
아직도 드레는 한지 엷어서 흐느적대는
채동지蔡同知** 허풍선도 은근히 꾹꾹
다잡아 충전시키고 쇠디우느라
손길 길게도 멀리 뻗쳐 휘어박네

저 먼빛 색색 채도彩度야 차차로
잔잔히 맑게 색즉시공色卽是空 나지만

뒷맛이야 영원한 계시啓示 아니겠는가
뒷소리야 끊임없는 후원 아니겠는가
뒷눈질은 바르게 가는 지도 아니겠는가

자, 해변에 이냥 철썩대며
을씨년스레 울부짖다 울부짖다 달려와
나그네 가슴속을 헤집고 찢고 헝클어 대다
다시 봉합하다 또 찢고 찢어 압도하는
파도 소리는 옛 한센병 주검들 원혼들
하소연인가 시퍼렇게 너울너울 눌러싸네
해당화 꽃빛 비빛비빛하네, 불현듯
낮달로 둔갑해 끈끈히 손 흔드네

멀리 방파제에 우뚝이 부릅뜬
등대燈臺는 양쪽에 문수文殊*** 거느리고
섰 안녕을 빌고 있네 방호하고 있네

[첨언] 남쪽 고향 산천 여행 길 고흥반도 앞에 소록도 해변에서 쓰다.(2014. 11. 5)

---

* 종종種種 : 물건의 가지가지.
** 채동지蔡同知 : 언행이 허무맹랑한 사람.
*** 문수文殊 : 모든 부처의 지혜를 맡은 보살.

늦벼 익고 있네

돌아보니 훑어보니
늦벼 익고 있네 매기단하고 있네

늦게 그루 앉혔으므로 아무래도
스스로 늦깎이지만 으질은 아니라고
살손 불끈 쥐고 부릅뜨고 가다듬은 채
사방 천지 기운 긁어모아 밑거름으로
주고 다지며 자양하며 토실토실 차지게
여물고 있네 향기굳기 올리고 있네
우등 지향하고 있네

비바람 천둥 벼락 뒤흔들어도 좀체로
상기傷氣하지 않고 상기喪氣되지도 않고
일의고행一意孤行 만만히 나아가며
천사슬 천일강千日講에도 뒤뿔치면서
뒷공론 모르고 따지지 않고
속정 드레만 높이는갑네, 그만큼 훨씬

쳐주겠네 말몫도 많이 넘치겠네

저 혼불이야 천년도 넘게 쏘겠네

공간空間에 공간空簡*

가을 호숫가를 걷는다

장맛비 흙탕물도 부정하지 않고 정성껏
걸러낸 탓에 참 맑고 잔잔하고 휑한
호수는 스스로 되돌아보고 있는데

가까이 건너보고 있는
과수 열매들 저기다 닻 주는 듯이
모습만 얼비쳐 놓고 속내는 엉거능측히
가리고서 무장 이런저런 상상만 실속만
키우더니 아니 드디어 달리 뜻밖에
맞대응한다고 숭굴숭굴하게 쳐들고
함량 드레 관계를 눈웃음으로 에둘러
설명하다가 다시 바로꽂이한다 저런
무이무삼無二無三**도 한참 설파한다

어차피 나도 '나'를 달아보는 것은

매 가을마다 못 푸는 어설픈 숙제라서
스스로 매련쟁이 낮아져 뭉그적대다
좀 훌쩍이다 훔치다 가라앉는 그만큼
다시 진지하게 깊어져 다음을 기약한다
하늘나라 어버이께 변명 써서 붙인다

---

* 공간空簡 : 선물이 딸리지 않는 편지.
** 무이무삼無二無三 : ① 한눈팔지 않고 외곬으로 나아감. ② 달리 비할 것이 없는 오직 하나. ③ 성불成佛하는 길은 오직 한길.

달밤에 쓰는 편지

가을 달밤
달을 바라볼수록 새길수록 달뜬다

그러면 그렇게도 멀고 멀어서
그렇게도 더디고 더딘
그 숨결 고작 잘해야
아지랑이 어릿거리고

또다시 안타깝게 기약 없이
별밭 대추나무 뒤로 숨어 버린
그 수줍음아

새우고 새우고 몇 밤을 지새워
달이 기울고 그러구러 지나서
햇귀 오는 참에 따라오려나
기다리다 내려앉아 빈손 더듬는
실타래 풀어 대며 놓칠 수 없어 달치는

이 그리움은 그대만의 단방單方으로 꼭
풀릴까 싶지만

어한할 곳 없이
바람이 세게 들락거릴 정도
뚫린 가슴속을 연鳶줄에나 매달아
전할까 싶은 애잔한 빈혈증
여기 떨어져 있는 얄궂은
운명이런가

계절 가는 것도 모르고 오로지
임 빌어 피고 지는 신앙만으로
심심산천에서 꼿꼿해 더 고아한
백도라지꽃 그대, 내내 지침指針이므로
나는 지킴이 지친 것 어이하랴

가을 정경 1

소슬바람이 꼬드겼는지
햇살도 바람 들어 간들간들 추는데
큰 수수 이삭은 듬성듬성 둘러선
작은 동생들한테 어서 오달지게 크라고
끄덕끄덕 통하고 그러잡아 다독이다
길게 감아 간질이다 그닐대다
둘레둘레 자신도 함께 그늘러 주는데
어디서 날아와 바짝 달라붙은
심술쟁이 참새들 콕콕 찍어 흐트러뜨려
판을 깨니 콩가지들 우르르 날러들이
치고 밀쳐 쫓고는 "됐다 올려라!"
먼저 외치며 손바닥으로 콩가conga* 치는
듯이 헐근헐근 수수꾸네 휴우— 놓고
들이네 눈가량 밭둑 뽕나무 가지에
까치들도 쭉 내밀고 뒷소릴 덧게비치네

사방은 예대로 그대로 싯누렇게

익고 있네 그쯘히 웃고 있네
늦깎이 천수踐修**도 예대로 끝까지
천사슬 좇아서 터득하고 들어서네
신명神明은 예대로 빠짐없이
가려내서 꼼꼼히 달아 보고 있네

---

* 콩가conga : 쿠바의 민속 음악에서 사용하는 악기.
** 천수踐修 : 몸을 닦아 수행하는 것.

가을 정경 2

산골 부락 앞길 지나다가
웬 고구마 찌는 냄새가 콧구멍으로
구수하게 달콤히 끈끈히 들이치더니
뒤이어 살랑살랑 집적집적 슬슬
귓전 울리는 솔바람 연連소리 휘뚜루
달리고 굴러와 발걸음 잡는다
건너편 동구洞口 정자에선
풍년 자축하는 농심農心들 작은 잔치
순純돌이들 곱사춤 손짓춤 도드리 울림
찡하고 하도 강해서 초항할* 징도 세勢
도시 뒷거리들을 사정없이 후려치고
뜬구름 허풍도 끌어다 속속 타이르네

늦에 나도 걸려 쥐어서
숙이고 설레설레 떠나지만 점점
자랑자랑 맑아지고 푼해지다 되솟네
생면강산 생기 오르고 드세지므로

하늘 가까이 높인 천단天壇 마련해서
길게 더 길게 수만 발 줄 꿴
연鳶 그 혜안 띄워 두루두루
별숲 영기 흠뻑 캐내 앙구고는
이왕에 하늘맘도 무라내 도르리하네

---

* 초항하다 : 적을 타일러 항복하게 하다.

가을 정경 3

먹구름 떠난 뒤라서
파아란 새파아아란 하늘나라
솜구름 제비들 손잡은 바디
그 오라토리오Oratorio* 열연

소리 없지만 소리 소리 세고 높아서
울리다 흔들다 번드치므로

누구 성글거리고
누군 흐느끼다 울부짖고
누군 페가수스Pegasus** 타고 오르고

드난꾼도 따라 부르며 맞쐬니
황토밭 고구마도 알고 벌떡 일어나
불끈힘 탕탕 치며 집중시켜
휘파람 거푸 부네 돌리네

긴 세월 겪으며 쌓은
자존들 실컷 겨루면서도 깃기는
솜씨 맞대매 한판 앙그러지는 만큼
쥐었다 놓았다 하네
땅바닥도 운김에 달아올라 뒤질세라
넓게 잡아 도두거리 헐헐 돌리네

---

* 오라트리오Oratorio : 종교 음악의 한 가지.
** 페가수스Pegasus : 그리스신화에 나오는 날개 돋친 천마天馬.

가을 정경 4

하도 하도 하 하
고달파서 서러웠고 서러운 대로
달쳐서 짜디짜진 땀 앙금 알갱이들
소금밭 가슴속 무너질까 놓칠까 끙끙
모대기며 앞그루 가꿔서 옹글게 여문
어엿한 얼핏 좀 앙한 듯 몽실몽실한
드레들 그 환석丸石들 동그마니 맞붙은
그 절대 환상곡 꼼짝 못하게 보듬어
휘어잡네 눅이네 뜯이하네
흉금 흉모 흉물凶物까지 울리네
업족제비도 속눈물 삼키며 화답하네

무심하지만 무양무양하지는 않는
무아無我들 그 영성들 소곳이 오롯이
위아래 고루 눌러보고 눌러챙겨 착착
버무리네 신앙시키네 불세례해 주네

꽤나 노래진 논둑 억새 보금자리 노는
뜸부기도 띠앗 주고받았던 뱁새 불러와
서로 추억하며 도랑물 소리 따라
씻고 도련치고 더는 색바꿈으로
색바람에 단내 쉰내 날리고 홍감 올라
화시和詩*까지 흥얼거리네 대창對唱하네**
뒤따라 쓰르라미는 늦게 알아들었지만
마감 깨달았는가 지신地神에 감사하는가
목청껏 뽑아 뽑아 합세해 아우르네

---

* 화시和詩 : 남의 시詩에 감흥되어 그 주제에 좇아 새로운 시를 짓는 것.
** 대창하다 : 밀로 할 내용을 노래로 부르다(창극이나 오페라에서).

가을 정경 5

과일들 스스로 가꾼
속내를 되작되작 들추고 있고

빛깔은 스스로 올린
색도를 따지고 있고

행고行苦 넘기며 커진
함구무언은 가만히 풀고 있고

경쟁은 손 놓고서 허허
서로를 치하하고 위로하고 있고

그동안 알게 모르게 깊이 곁은
맞잡이 묵장墨將들이나 알건달도 모두
색다르게 갈아입고 색대도 안 들고
홀가분히 혼화되어 앞으로 따라갈
하늘 뜻 순번을 기다리고 있고

이따금 마른번개 번득번득 지르면서
아직껏 못 마친 엉뚱한 느림보
맹꽁이들 일으키느라 흔들어 대므로
하늘 낮달도 홀하게 보지 않고 되레
좋았는지 훈수한답시고 뒷심 보탠답시고
"좋다 좋다……" 추임새 메기네

이 가을에 미루어 생각한다 1

한 톨
한 알 얼핏 변변찮게 보여도

가슴 안은 놀랍도록
천만 섬[石] 가득하고

손은 크지 않아도
손떠퀴 넉넉한 큰가래 미덥고 덜퍽지고

머리는 빈틈없이
뉘 방자하는* 짓 믹을 만큼
영리하고 깐깐해 되레 안고나면서

거듭 환생 길 맹꽁이 온 힘
천리天理 순리 따라 여물어진 대로
사랑 미움 따지지 않고 똑같게
뒷배봐 주고 올려 줘서 당당해진

맞적수들 날로 달로 철철이 연년이
매자십이梅子十二** 터울거린다 당긴다

"여봐라, 저 심지 좇아 살면
탄탈로스Tantalos*** 운명 면한단다."
하늘나라 아버지 어머니 한밤중에
현몽해 살피며 당부하셨것다 추기셨것다

---

* 방자하나 : (타 · 자)남이 못되기를 신에게 빌다.
** 매자십이梅子十二 : 매화나무는 심은 지 12년이 되어서야 열매가 연다는 것으로, 오랜 세월 걸려서 목표가 이루어진단 뜻으로 인용된다.
*** 탄탈로스 : 그리스신화에 나오는 왕으로 부자였는데 오만하고 사치를 일삼았으므로 지옥에 떨어져 많은 고통을 받았단 전설적인 사람.

이 가을에 미루어 생각한다 2

북한산 끝자락 좁은 골짝
어느 서낭당堂에선 풍년 잔치 치르는가
뉘 액운 쫓아내는가 자양하는가
늙은 무당 헐근헐근 울리는 좀 쉰
목청이 끊길 듯 끊길 듯 들리는데
일순 알밤 서넛 툭툭— 후두두—
떨어지므로 산바람이 먼저 알고는
닦아 놓으니 다람쥐 잽싸게 주워
겨우살이 양식으로 들이느라 부산하다

기도 소리 절실하니 찡하다

상조相助 보기 좋다

지나니 시작이 보인다

되짚어 생각하니 미련에 오그라든다

자연 향기 하늘 은혜에 떨린다

"쉰 길 나무도 베면 끝이 있다." 란
속담을 늘그막에야 깨달으므로 참
더 더 더
가득해진다 높아진다 질깃해진다

이 가을에 미루어 생각한다 3

가을볕살 알맞게 술술 누비는
덕석 위 감말랭이를 통 쳐다보지 않는
개미는 무얼 그리도 많이 먹었으면
풍선 같은 제 배에 눌려 꼼짝 못하고
눠서 자는지 삭이는지 자정하는지
먼발치선 잘 알 수 없으니
나도 배만 긁어 대며 이럴까 저럴까
배알 부리고 있다 맞서고 있다
이따금 은행알이 스스로 던져 똑똑
장난을 걸어도 요지부동으로 요점만
귀띔하라고 끔적이기만 몇 번인데
감나무 아래서 손 놓고 되새김하는
황소는 쳐다보다 끄덕 다시 깊어지는가
지긋이 감아 버리는데 닫아 버리는데
닭들과 숨박질 놀던 어린
삽사리들 깜냥깜냥이 훈수한답시고 졸졸
졸랑거린다 다랑귀 뛴다

이 단란한 경개 풀이 그 속뜻으로
천유天遊*냐 천유擅有**냐 천유闡幽***냐를
혼잣말로 되뇌며 가슴속은 머나먼 남쪽
옛 고향 가을을 스케치하는데 불현듯
단감 한입 아삭 가득히 씹힌다
잔정 한줌 꼭 깊숙이 쥐인다
국화 한빛 썩 초롱초롱 들이친다
큰 하늘 한눈 넓게 푹신하게 눌러본다

---

* 천유天遊 : 얽매임 없이 자연 그대로 자유로운 것.
** 천유擅有 : 맘대로 자기 것으로 만드는 것.
*** 천유闡幽 : 알리지 않는 이치를 밝히는 것.

이 가을에 미루어 생각한다 4

참새들
"쭉정이는 물러가라 물러가라."
불뚱댄다 불뚱댄다

말감고들
"늦깎이는 더 부어라 부어라."
다그친다 다그친다

허수아비들
"나도 좀 놀면서
떡고물이나 맛봐야겠네 맛봐야겠네."
더듬거린다 더듬거린다

대한민국 국회의원들(19대)
"얼굴 들 수 없으니
세비 반납하겠습니다 반납하겠습니다."
개미 목소리 중얼거린다 중얼거린다

옛 계엄군 망령들
"머저리들아 되내기 수작들아
또 삼청교육대 맛볼 테냐 맛볼 테냐."
멀리서 경고한다 경고한다

사대강 작전 괴수들
"봐라, 그때가 좋았지롱 좋았지롱
아무나 하느냐 아무나 하느냐 알아."
눌러쓰고 조롱한다 조롱한다

민초는 순하고 고지식해서
피땀 따른다 피땀 따른다
가을 좇는다 가을 좇는다
삼엄三嚴* 떠받든다 삼엄 떠받든다

---

* 삼엄三嚴 : 지도자(대통령)·선생·부모를 옛말로 지칭한 한문어.

이 가을에 미루어 생각한다 5

눈빛들 색색이
빛난다

가슴이고 두지고 쏠쏠히
차오른다

드난꾼도 넉넉하게 받았는가
싱글벙글한다

위아래 모두 자연스레 맞춤히
터수 올리며 너 상득하게 묶친다

단풍과 향수 1

불길 본디 괄괄하고 끈질겨서
낮에서 추야장까지 내내 타고 타서
장작불길 야울야울 타고 나서
고향 잔정들 알쭉알쭉 타고 타서
그 불김 높이높이 치솟아 빛무리 나서
타향살이 쓸쓸함을 함빡 감싸 추어주네

어머 어허, 충천衝天이네
아아 어허, 출전出纏*이네
저런 어허, 순절殉節이네

---

*출전 : (불)번뇌에서 벗어나는 것.

단풍과 향수 2

빛깔이 저리 고와서 고와서
그이 뺨따귀 아니냐

색도色度가 저리 이글이글해서 이글이글해서
그이 눈빛 아니냐

입성이 저리 화사해서 화사해서
그이 매무시 아니냐

느낌이 저리 포근해서 포근해서
첫애 엄마 가슴팍 아니냐

고고함이 저리 높아서 높아서
윗자리 색덕色德 아니냐

맞적수로 저리 버거워도 버거워도
온몸 태워서까지 으뜸화음 걸어야 할
달나라 선녀仙女 아니냐

먼빛이지만 저리 친근해서 친근해서
유소년 시절 뛰놀며 뒤집어썼던
고향 앞동산 가을빛 아니냐

저 빛살과 햇살이 짠 그늘 아래
뚱땅뚱땅 쿵쿵 쿵쿵 뛰었던
서로 모둠발차기 소리 들리네
부스럭부스럭 달각달각 발발
다람쥐가 알밤 줍는 소리 오르네
살금살금 간질여 얼 빼다 녹이는
산새들 사랑짓 막막조 숨소리 타오르네

고소원이었으나
타향살이 시달리다 너무 늦은 이제야
고실자故實者*로 엎쳐뵈며 감격해 새기네

---

*고실자故實者 : 옛 규범과 옛일을 잘 아는 사람.

단풍과 향수 3

간절히 빌었으므로 동살처럼 떠오른
영검靈驗이 쓰고 그리고 칠해 덧칠해
도련까지 곱게 맞게 쳐서 벌인
방대한 서화전 작품들인가
저리도 가지각색이어서
저리도 진하고 웅숭깊어서
저리도 넘치며 두드러져서
저리도 만장기염하고 묘입신해서 이내
눈길마다 붙잡아 저념佇念시키네

더는 뜻빛갈인가
향촌 만수 어버이와 세장世丈이 써서
오래 간직했던 그 선록철選錄綴 읽히네

향촌 서낭당 서낭신 앞에 철마다
재齋 지내고 정리한 그빨로
사방 나뭇가지에 걸어매서 높인

달랑달랑 달랑이며 속소리 찌르는
주문呪文들 계시 찡하게 타이르네

아니 놀랍게도
옛 우정들 그 휘문이들 더러 남아서
언젠가 다시 풍악놀이 돌리잔 다짐으로
함성들 그 깃발들 힘차게 흔드네

더구나 나이 들어도 터득하면
마지막으로 자양하는 데 도움이 될
한 논論* 아니냐
한 화통편化通篇** 아니냐

---

* 논論 : 경經과 율律의 요점을 적어 둔 것.
** 화통편化通篇 : 자연의 오묘한 이치와 통하는 일을 설명해 적은 책.

단풍과 향수 4

봄 여름 크자고 넓히자고 드리우자고
피돌기를 열심히 지쳤기에 이젠
좀 쉬자고 곱게 누렇게 갈아입고
천사슬을 되새기고 있는가요 말씀인즉
은행나무 그 단풍잎 맞지요

청년 시절 추억인데
ㄷ자 형 자연부락 가운데 생가 밖에
공동 우물 가까이 은행나무 가을철이면
노랑 잎새들 떨어져 수북이 쌓이면서
더러는 우물 위에 떠서 스스로를 더
씻는가 세례 받는가 말도 없이 눈빛만
이따금 되쏘면서 독영했던가 독려했던가
독락팔곡獨樂八曲* 흥얼댔던가, 아스라이
떠오르네 손짓하네 그립네

깊은 뜻 알아듣지 못하고 떠들던

우물가 부녀들이고 뒷전에 숫가시내는
한 잎 건져 물고 멀리 올려보고
'은총'인가 '모정'인가 빌었던가 그
순수 애념 모습 이제도 쑥 아른거리니
어디 그 넋 찾아 밟고자 들뜨네
빠르다니 비행으로 나설까 조바심하네

단풍만큼 향수에 향수성向水性 올리는
절대 있을까만, 꿈일는지 엉뚱하지만
거기 단풍과 향鄕선생**이 불러 주길
학수고대하네 말문이 막히고 고푸네

---

* 독락팔곡獨樂八曲 : 조선 선조 때 학자 송암이 초야에 묻혀 살면서 지은 것으로 자연을 벗 삼아 유유자적하는 멋을 표현한 경기체가 민요.
** 향鄕선생 : 시골에서 지내는 선비 또는 덕망가.

단풍과 향수 5

산불이 났다기에 내다보니
저런 단풍 불길 활활 번지네 번지네
봉우리 등성이 길길이 번지네 들추네
불깃 건너서도 내달리네 휘뚝거리네
앞동산 뒷동산 들판 도래바람에도
마당가 감나무 대추나무에도
가을 뒤 마당놀이 장닭들 장담에도
혼담 오간 누나 도랑치마에도 주렁주렁
번지네 너울너울 붙이네, 이니
튀튀tutu* 치마에도 붙이네

노을도 시새워 횃불 들고 동동거리네
별들도 피리 불며 새빨갛게 추어올리네
계수나무 달빛도 불그스레 벙글거리네

하늘은 느긋이 안유安諭하고** 있네

민심은 한맘으로 일불승一佛乘*** 길이네

---

* 튀튀tutu : 주름을 많이 잡은 발레용 치마.
** 안유安諭하다 : 안심하도록 타이르다.
*** 일불승 · (불)부처와 중생이 함께 불과를 일구는 것.

제5부
눈이 오면

입동 무렵이면
겨울, 달밤 풍경
겨울밤의 만상
눈 내린 세상은
도모해야 한다
고향 뒷소리 들려오네
눈이 오면 1~15

입동立冬 무렵이면

호사 중언부언들 이미 떠난 뒤
모과木瓜처럼 초라하고 떫은
회의懷疑만 외롭게 헤아리고 있고

지난 세월 결산에서 모자라 일어난
푸념들 끄덕끄덕 도랑물로 흘러가건만

길 가운데 밟히고 밟혔던
질경이들 내색 없이 그대로 예바르게
징검돌인 양 쭉 바르게 꼬박이
다음 또 다음 알리고 있네

어느 기억은 필요 없어 버려도
지금 갈림 길에선
예견豫見은 기어코 잡아야 하는데
그 저주 미움을 다스려 꼭 선방禪房까지는
들이지 못해도 안고지지는 않고 가도록

신앙을 굳건히 안겨야 하는데
이 속앓이는 운명적 내림빛 삶이라
피할 수 없으므로 내쳐야 헤쳐야
승화해야 여문다지 않은가 그때만이
접반接伴을 대접받는다고 하잖은가

서로 빤히 건너보면서도
한마디도 나누지 않고 곧추뜨고 있는
허수아비 그 깊은 생각[焦思]은 자신을
누군가를 타이르는 건가 은혜를 꼭
보답할 길을 헤아리는 건가
입술을 감춰물고 다짐하는 듯
가슴까지 열고 하늘소리 귀재는 듯
진지하네 깔축없네, 드디어 감통하네

산천은 깊은 침묵이지만
불언불언不言佛言으로 가르치고 있으니

함께 둘러앉아 터득하고 훨씬 차린
무게와 깊이 알속은 묻은 부풀까지
털고는 다시 정중히 달아 보고 있네
생긋 얄랑얄랑 동참하란 눈짓이네
좀 부득이하면 모참暮參하라고 에두르네

겨울, 달밤 풍경

저항 모르고 순한
고요가 키운 좀 반지라운
그리움

귀머거리는 들을 수 없게
아득히 그윽하여 더 애태우는
속말 혼잣말

들키지 않게 달빛 그늘 아래로
살금살금 다가와서 쫑긋 귀재며
조바심하다 스스로를 먼저 간질이고 올라
얼른 휘어잡을까 걷어붙이는
초심初心 간정懇情

사정 들어주다 합친 한맘
매화나무는 정이월 추위도 아랑곳없이
안으로만 기운 맞춰 맞닥뜨린 채

달빛 숨소리와 손떠퀴에 힘입어 감쳐물고
마지막 끝장 모질음 비릊대며
정화精華 한 송이 피우고 방실거리고

못다 푼 애잔히 어중된
남은 잔盞은 달 빌어 전도 빌므로
다시 찰랑찰랑 차오르다 크게 부풀은
미련 풍성 동글동글 떠오르고 돌아 대고

은빛 잔잔한 하늘 한가운덴
주문呪文 계誡 적힌 하얗게 기다란
현수막 나부끼면서 굽어보면서
신앙적 화전化轉 사랑 북돋우고 홀맺어
달꽃밭 꽃 꽃들 둘러 세우더니 드디어
화창話唱까지 답답 단콤히 뱁도록
꼬드기네 얼러맞추네

겨울밤의 만상慢想

동지 가까워서 밤은 깊어가므로
눈발이 내리며 쌓이는지 가끔
소리 없는 어설픈 보플 기척
들린다 엉긴다

물색들 피돌기도 동면冬眠하고 있어
점점 낮게 도는지 자중하는지
겨우 들리는 듯 마는 듯 파사하게
어린다 젖는다

더운 시절 덩달아 활개 치며
뒤늦게까지 뒤놀았으므로 헝클어진
매련 딴맘은 이제야 사방
묵상 나뭇가지들 그 몰강스런 모습에
딴죽 걸렸으므로 가까스로 늦추
딱히 고해하다가 점점 숙숙해졌는지
천연스레 골똘히 감고 있으므로
땅의 고동 소리는 더 크게 들리면서

'생각이 얼지' 않게
이불 속에서도 활개 치도록 높이도록
당부하는 것이고 뒷소리 지른 것 같아
시나브로 죄인다 굳힌다 그만큼
이렇게 저렇게 숙구宿構*하게 된다

밑동 밑 속뿌리 겨울눈[冬芽]도 앞으로
시절 때 맞게 점지하는지 이따금
바스락대는 타드랑거리는 비비는
소리 그 여음餘音 들리므로 반갑고
신기하고 짜릿하여 추슬러 잡더니
늙어 빠진 오그라든 뜻이하기도 힘든
내 가슴앓이에다 바소**를 찌른다
바짝 힘 올린다
눈[眼] 모처럼 크게 떠진다

---

* 숙구宿構 : 시문詩文 따위를 오래도록 구상하는 것.
** 바소 : 곪은 데를 째는 침.

눈 내린 세상은

간밤 긴 밤 깊은 밤 먹중 꿈속
눈[雪] 눈 눈 많이 내렸구나
은세계銀世界 참 어리도록 찬란하여
빛살 빛살 엔간히 얼빼는구나
며칠을 두고 이리저리 궁리한 끝에
하느님 손수 다듬고 씻고 빚어
혼魂을 넣어 내보냈으므로

흑전 흑점 벽조碧潮도 드러나지 않은
한맘 백수白水들 맞잡고 의건모하는 데다
널찍한 흰 구루에 하얀 고리짝들 많아도
하나도 손 안 타고 고스란하므로
그 정경 호기浩氣까지 덧붙이로 안기므로
하도 하얗고 흰 세상이므로 원칙성이므로
흰소리 흰수작 손아귀 쉽게 안 받겠다

혼연일체 화합 세상

흰 콩밥 흰골무떡 자주 먹으며
흰머리 나도록 거듭나서 설피까지 신고
오지 먹통까지 찾아가 일깨우기도 해서
함께 이러나저러나 부접한 맞손에
종종 설월야雪月夜 정취에 한참 녹아들어
설중송백雪中松柏도 이따금 그린다면
생생하게 아름다운 운치 발리겠지만
저 고운 바리안베 함부로 끊어다 놓고
그릴 수도 없으니 쳐다보면서 새기면서
흥얼흥얼 윗몸 뒷질로 무릎장단으로
팔놀림 꽃바람 돌리기로
한참 자락自樂 경지 빠지면 풀어지면

한량없이 거르는 선방禪房 안 노릇이다
잠 보누 따르는 화신化身* 길 하니디

---

* 화신 : (불)중생을 구제하기 위해 부처가 여러 형상으로 세상을 나타나는 것.

도모해야 한다
— 새해 찬가

간밤에 서설瑞雪이 많이 내렸다
앞마당은 하얀 양탄자 깔아 아늑한데
까치 두엇 첫 햇살 함께 곱게 갖추고
안방을 향해 큰절을 올리므로
외양간 안 먼산바라기 황소와
벙어리 쇠스랑도 소스라치게 곧춰
나와서 뒷줄로 서서 따라 빌므로

눈이불 덮어쓰고 있는
모둠꽃밭 속 겨울눈[冬芽]도 알았는지
새해 준비할까 미룰날까
한 마당 도모할까 이리저리 궁리하다가
소리 없는 소리로 외치므로
손여언으로 다독다독 추어주므로

세상 모두가 묵묵히 떠보네
세상 모두가 깊숙이 감복하네

세상 모두가 벌겋게 다질리네
세상 모두가 똑바로 뭉치네

지금 지금 그대는
앞으로 앞으로 우리는 딴맘도 불러들여
정화靖和*를 기약하는가
화명和鳴**을 북돋울 것인가 큰 숙제인데
하늘눈은 높고 멀어 안 보여도
고루 빠짐없이 살피며 챙기니
어디 해찰을 그냥 놔두겠는가

혼쌀먹기 전에 어서 그루 앉힐 일이네

---

* 정화靖和 : 지도자가 잘 다스려 인심이 부드러워지는 것.
** 화명和鳴 : 새들이 함께 즐겁게 지저귀는 것.

고향 뒷소리 들려오네
— 설날, 고향 추억

눈 귀 어두워 불편해 애끓으면서도
가슴속엔 옛일 정루情累 끌어들여 짝짝
귀성지게 되씹을까 싶어 발밭아 애달은
사날* 깡고갱이 지금도 남아서 쳐들고
그 시절 그때 쌓아올린 뭉쳐놓은 감춘
일들 흔적 그대로 온전한가 궁금해서
건너보고 불러내고 손 내밀어 끄는데

먹돌 가슴앓이 추억인가
여태껏 소식 모른 대로 더 절실해진
그 풋정 발동에 그 땡감 찾기 훔치기
그 눈빛 받은 울렁거림 그 환시인가
입맛 없는 무두질에 금단金丹 처방인가
구수연행久修練行**에 더 솜씨 보태기인가

귀이개로 얼마나 긁어내야만
스스로 누그러져 돌아누워서 깊어가서

한참 뜨다 석다 퍼질 것인가 모르지만

고향 떠나면 천하단 참뜻을 우습게도
이제야 깨닫게 되면서 무장 더 그곳
명절 때 큰 손맛과 뒷소리 보짱짓[密會]
아련하다가 우르르 달려오네 무동 서네

한그리움 그 귀심이야 너무 애틋하므로
큰 소쿠리에 담아서 올려놓고는 종종
쳐다볼 때마다 뜯어 입매하는 좀것짓
그것보다 더 부듯하고 더 잊히지 않을
에피소드 다른 어디에 또 있을 것인가

더구나 조쌀한 노장 진정들 서로
붙잡고 풀져 주고 추어주면서
자칫 빠지지 않게 사위하며 살펴 댄다니
외로워질까는 노파심이므로 되레 어련한

향선생鄕先生*** 노릇이 마지막 숙제이겠네
그 숙제는 도덕경 가르치기 즉 당당히
도균陶鈞**** 일부 떠맡는 선도 실천이겠네

고향 설날은 오상五常***** 실천하는 때이네
그동안 일탈 반성하는 때이네
이심전심 정의情義 더 불리는 때이네

(2015. 2. 19. 설날 밤에)

---

* 사날 : ① 제멋대로 하는. ② 남의 일에 참견하는 성질.
** 구수연행久修練行 : 오랜 세월에 수행해서 일에 숙련된 것.
*** 향선생鄕先生 : 고을에서 덕망이 높은 늙은 선비.
**** 도균陶鈞 : '임금이 천하를 다스리는 일'을 비유하는 구어句語.
***** 오상五常 : (오륜五倫) 인仁·의義·예禮·지智·신信.

눈이 오면 1

눈이 내리네
눈이 내리네
그리움이 다가오네
그리움이 다가오네
멀리 어디 멀리 어디

눈이 내리네
눈이 내리네
사연 추억 떠오르네
사연 추억 떠오르네
아련한 그곳 아련한 그곳

눈이 내리네
눈이 내리네
어둑한 찻집 정담 솔솔 피어나네
어눅한 찻집 정담 솔솔 피어나네
쓸쓸한 강가 쓸쓸한 강가

눈이 내리네

눈이 내리네

까치집 한 쌍 꿈결 속속 깊어만 가네

까치집 한 쌍 꿈결 속속 깊어만 가네

아늑한 옛 동네 아늑한 옛 동네

눈이 내리네

눈이 내리네

염불 소리 아스라이 띄엄띄엄 들려오네

염불 소리 아스라이 띄엄띄엄 들려오네

깊숙한 암자庵子 깊숙한 암자庵子

눈이 내리네

눈이 내리네

은박 백간白簡* 휘휘휘 돌아드네

은박 백간白簡 휘휘휘 돌아드네

자상한 어머니 넋 엄정한 아버지 넋

눈이 내리네
눈이 내리네
나비들 손잡고 생글생글 앞장서네
나비들 손잡고 생글생글 앞장서네
어디여 어디여 자 자 몰아가네
어디여 어디여 자 자 몰아가네
어리벙벙히 도원경 어리벙벙히 도원경
얼떨결에 백로지池** 얼떨결에 백로지地
찬란히 천궁天宮 찬란히 천궁天宮

(깨고 나니, 꿈이네 한단몽이네!!)

---

* 백간 : 할 말이 너무 많아 아무것도 적지 않고 백지로 넣은 편지.
** 백로지池 : 경치가 좋다고 알려진 곳으로, 석가가 반야경을 설교했다는 왕사성 안에 있는 죽림원의 연못.

눈이 오면 2

눈이 오네 눈이 날리네
많이 흩날리네 펑펑 쏟아지네

고향 소식들 헐근헐근 달려오는가
고향 인심들 생글생글 휘어드는가

하늘 눈[眼] 고루고루 살피고
하늘 소리 가만가만 채근하므로

언 땅 한둔도 풀리는가 살폿 웃고
언 가지들도 한량음식에 뿌듯해 흔드네

저만치 눈가량 앞에선
두텁게 곱게 휘양 두르고 두리번두리번
역지사지 소식을 기다리며 꽁꽁거리는
그인 벌겋게 눈씨 먼저 쏴 대다
숨기척 못내 불꽃 튀어서

선서 큰소리는 일귀하처* 부르짖네 치네

가까이서 엿듣다 감동하고 번드친

산신山神과 덤불 속 산새들도 맞장구로

뒷소리 외치네 더 돌리네 높이네

---

* 일귀하처 : (불)부처가 설법하면서, '모든 사물은 한 길로 돌아온다는
데 누군 어찌 딴 데로 가는가' 라는 뜻으로 설파한 법어.

눈이 오면 3

오신다는 전갈 없었고
오신다는 기약도 없었는데
오시나이까 오시나이까
임이시여 임이시여 오시나이까

쇤네가 먼저 알아 빌고 빌어서
임 밟으실 길에
하늘이 밤새껏 양탄자 깔았다네요
임 들으실 안방 앞마당엔
삽사리들이 명주 끌어다 매기단했다네요

임이시여 임이시여 좋은 꿈 비시렵니까
임이시여 임이시여 백년대계도
임이시여 임이시여 태평세월도
더불어 누리도록 도모하시렵니까 꼭이죠

천지 사방은 서설瑞雪과 서조瑞兆로

성글지 않게 꽁꽁 결어

성루城樓까지 제대로 일동 차려! 시켜

지키고 있다네요 안 놓고 빈다네요

문틈으로 새어 흠뻑 젖는

임의 눈빛 숨소리만으로도 벅찬

은총인가 화치化治인가

화엄산림華嚴山林인가 화전化轉인가

꼼짝없이 눌러앉히네요 그루 앉히네요

눈이 오면 4

며칠을 두고 눈이 내리고 내려
쌓이고 쌓여 무릎 높이 눈길이다
눈길을 밟아 헤쳐 나가니
허세가 무너지고 무너진다 무너지니
본바닥이 닿고 닿는다 닿으니
안전이 받치고 받친다 받치니
전진이 오르고 오른다 오르니
승기가 불어나고 불어난다 불어나니
호연지기가 합세하고 합세한다 합세하니
불굴 의지로 살피고 살핀다
순정巡靖*을 꾀하고 꾀한다 꾀하니
강산 곳곳 노랫소리 화시和詩 씨름판
돌려 벌어지네 꾀네 넘치네

망상妄想을 바로잡는 데야 눈길보다 좋은
곳이 달리 어디 있겠는가
순심純心을 키우는 데야 눈길보다 알맞은

데가 달리 어디 있겠는가

---

*순정巡靖 : 인심을 달래서 편안하게 살게 하는 것.

눈이 오면 5

눈발 눈발들 서로 힘지게 두덕거리네

섬섬옥수가 줄[絃]을 뜯는지
가락이 속속 감돌아드네

눈발 눈발들 서로 힘지게 두덕거리네

모음곡이 바짝 돋우는지
무용수 놀림 산뜻산뜻 술術 부리네

눈발 눈발들 서로 힘지게 두덕거리네

하늘나라 강설講說 곰비임비 울리는지
얼굴들 쫑긋 쳐들고 귀재네

눈발 눈발들 서로 힘지게 두덕거리네

연등燃燈 줄줄이 켜지며 밝혔는지
산천은 엎드려 흑흑 축원하네

오오, 빛 빛 무량광無量光이네
아으, 짓 짓 일심동귀一心同歸네

눈이 오면 6

눈[雪]들 소곤소곤 다가오네

천신天神 앞장서서 찾아오는지
천아성天鵝聲* 그윽이 들리며 높아질수록
지신地神은 그를 맞이한다고 동구에서
손짓춤 사뿐사뿐 돌리며 넓히네

눈[雪]들 점점 많이 몰아오네

내보름날 동네 모임들 꼬어들어
상쇠놀음 큰소리 따라 쿵쿵 펄펄펄
돌고 돌며 잇대네 불리네 다짐하네
얼싸절싸 끄덕끄덕 풍년 빌어 대네
얼싸절싸 뒤뚱뒤뚱 조왕竈王 떠받치네
마당도 들려 번쩍번쩍 돌아 대고
장독대도 쳐들고 뒷소리 지르고
대추나무 감나무 모둠꽃밭도 웨웨웨
외치네 부르네 수수꾸네 한통치네

천지가 한물로 불어나며 넘쳐나네

눈[雪]들 점점 높이 쌓아올리네

앞동산 뒷동산 너머 멀리
봉우리들 등성이마다 하얗게 높직이
탑塔들 세웠으니 그들 무시로 굽어보며
천하 만세태평萬世太平을
천하 만인적**들 패기를
빌어 주며 북돋워 주며 방호하네
산까치들도 알고 만선두리*** 쓰고 나타나
앞에다 한참 조아리며 더 무롸내며
순수循守 순정順靖에 만만 감사 올리네

참 참, 순천順天이네

---

* 천아성天䳒聲 : 임금이 행차할 때 부는 태평소 소리.
** 만인적 : 군사를 쓰는 전술이 뛰어난 사람.
*** 만신두리 : 고관이 겨울에 예복을 입고 머리에 쓰던 모자.

눈이 오면 7

선지先知라서 말은 없어도
찬찬히 깊숙이 바짝
눌러보므로 찰지하므로

궁굴리네
궁굴리네

가라앉히네
가라앉히네

잠기네
잠기네

씻가시네
씻가시네

피어나네

피어나네

연꽃이네
연꽃이네

꽃 그늘엔 개미들이 쉬고 있고
꽃 뿌리엔 거머리들이 빨고 있네
꽃 속맘엔 독경이 흐르고 있네

눈이 오면 8

그 방폐房嬖*가 원원히 그리워 못 잊는
옛 원님인가 연인인가 앞에 띄운
편지 그 연鳶 훨훨 날리고 날리다
길길이 돌아내리네 돌아내리네
찾을모 미련 다가오네 다가오네

반갑게 맞고 맞으니
애해愛海 헤맸단 하소연이네

꼼꼼히 듣고 들으니
하느님께 뒷배도 부탁했단 가화佳話네

이리저리 뜯이하고 뜯이하니
맨 끝엔 깊숙이 빗발치는
화동和同 서약 각서인데
은가루 섞어 쓴 글씨야 화섬하네

맘껏 써서 백일하에 드러나도 좋단

백지 위임 백지어음도 놀랍게

너테처럼 따로 붙어있어 찡 울리네

* 방폐房嬖 : 감사 원님 수령들의 사랑을 받는 기생.

눈이 오면 9

떨다 언
가슴속에 몇 되박[升]인가 그만이네

째지고 헤어진
누더기에 몇 필 무명[木棉]인가 딱이네

오래 소식 끊긴
타향 어둑방에 동살인가 이거네

아직껏 풀시 못한
사랑 한恨에 고백서인가 저런

철부지 아들딸들 앞에
어머니 무언실행인가 어쩜

너무 순해서 지금도 시련 겪는
조선 백성들 앞에 대교향악 시詩인가
아이고머니 아니고머니 아니고머니

눈이 오면 10

정월도 역시 긴 밤 하얀 밤 빛살
눈발 눈꽃들 서로를 구기지르지 않고
훨씬 추어주잔 뜻으로 간질간질 툭툭
눈고패 일으키므로 나수므로 뜯어보니

들린다 들린다
업왕業王이 새해 주문 읽어 대는
맥놀이* 소리인가

들린다 들린다
멀리 하도 멀어서 어쩌지 못하는
선도仙桃 옛임이 정적情迹 추억하다가
자신도 모르게 눈물 나와 소스라치는
가슴앓이 소리인가

들린다 들린다
땅속 물길도 먼 길 트면서 점점

위로 나아가서 무구수태無垢受胎** 돕자고
세勢 베풀자고 너태***도 부드득 들어내는
힘꼴 지르기 소리인가

들린다 들린다
타향살이 새벽 일터 또랑또랑 나가다가
갱참坑塹**** 건너뛰기 소리인가
낙상 추스르기 소리인가 그빨로 문질러
곧추고 되레 신리마千里馬 패기 비는
우의羽蟻 우의寓意***** 소리인가

들린다 들린다
끊임없이 몰아 대는 눈보라 들이치기에
까치들 안방 까치집과 들새들 둥지도
무너지거나 얼어붙을까 걱정에 속 타는
서낭신神이 천신神에게 급하게 부탁한
방호 작전술 복창 복창 소리인가

굽어보다 알아들은 저만치 높직이
솟대쟁이 연방 뒷소리 보내는 소리인가

---

* 맥놀이 : 음파音波기 높낮이가 다르게 울리는 현상.
** 무구수태無垢受胎 : 성모의 원죄 없는 잉태.
*** 너태 : 얼음 위에 덧얼어붙은 얼음.
**** 갱참坑塹 : 깊고 길게 파인 구덩이.
***** 우의寓意 : 풍자적으로 말하는 뜻.

눈이 오면 11

긴 밤 깊어 새참으로 동지죽 먹는데
창밖은 눈발이 말없이 둘레둘레
한참 부풀어 벌이고 있네
천은天恩 감사하고 새해 비는지
일무佾舞 추고 있네 돌리고 있네

악귀는 사랑방 툇마루에서 구경하다가
켕겼는가 줄행랑치고 나니 뒤따라
이름 햇새 나타나 생긋생긋 짚으며
이마지조調* 읊으며 잇대며 돌리며
판을 무장 흥겹게 넓히네

꽃밭에 나비들 무도회 영락없네

모두를 아우르는
순기順氣** 손속 썩 모춤하네

눈꽃 불꽃 여정勵精은 베돌이 허기까지
맞추고서 조심조심 불러들여 머나먼
설행雪行 애행愛行*** 은근히 가르치므로
박쥐들도 알고서 꽹과리 치며 얼싸얼싸
그 길 트며 오르며 소리소리 치뜨리네

추위도 잊고 의중 알리는
소리 없는 소리 가락 가음加音이야
얼마나 오래 단련해야 화음和音 경지에
이르는가를 역시 몸짓만으로 설파하니
여부없이 깊숙이 저넘시키네 다짐받네

----

* 이마지조 : 거문고 곡조의 하나.
** 순기順氣 : ① 풍작이 예상되는 순조로운 기후. ② 도리에 맞는 올바른 기상.
*** 애행愛行 : (불)선각先覺의 말 가르침을 조용히 따르는 것.

눈이 오면 12

서설瑞雪이 밤새껏 수북이 쌓였네

고루 덮어 깊숙이 꿈나라 들인
하얀 솜이불은 한결같이 맞춤히
두텁고 푹신해서 따뜻하고
간박하고 간묵해 은근히 편안한데
하늘나라 어머님이 주신 것인가
길상천녀吉祥天女가 내리신 것인가

그 속은 안 깊고 편평히 넓어
거드름쟁이 촐랑이 빈손 다 맞아들이면
서로 쉽게 붙이고 비비다 바짝 결어
정분 불어나면 의지가 될 귀한
맞적수 되면서 점점 깜냥깜냥이 느긋이
진성眞性 키우고 불려 굳혀 짱짱해서
본디 으질*은 썩 사라지고
큰 힘센이 거듭나서 맡아서 당당해서

몸채 덩실이 누리며 사랑방은 더 늘려
드난꾼한테는 그냥 주어 격려하며
곱게 넉살 부리고 활개 치네 추기네
모두 거리낌 없이 넉자** 나서 받치네

그러므로 저러므로 드디어
눈밭은 풍유豊裕네 풍유諷諭네
눈밭은 도량道楊이네 도량度量이네
눈밭은 화신化身***이네 화신和信이네

---

* 으질 : 기질이 약하고 두려움을 타는 사람.
** 넉자 : 도장이 잘 찍히도록 밑에 받치는 사슴의 부드러운 가죽.
*** 화신化身 : (불)중생을 구제하고자 하여 여러 가지로 형상을 바꿔 세상에 나타난 부처의 몸.

눈이 오면 13

일색 설원雪原, 거긴 속정 깊은
빛살이 곱게 여미고 그동안 쌓아 올린
더늠을 한참 아슬아슬 뽑다가 끊는가
파사하더니 웬 다시 들차게 들썩이므로
사방은 가슴 죄어서 가라앉다가 덩이져
일순 벌떡 일어나 휘뚝휘뚝 벌이는데
모두가 눈물범벅 범부전나비 휘돌리며
어서 봄을 불러들이네 영靈을 솟구네

오래 추억할 휘문이할 한포국할
설원雪寃* 가창인가 설한雪恨** 가락인가
설니홍조雪泥鴻爪*** 서글픔 내뿜기인가

옳지 옳지, 설화雪華 설법 극치여서
더 깊숙이 섧게 울리네
더 찬찬히 환히 깨우치네
더 단단히 꾹꾹 그루 앉히네

* 설원雪冤 : 원통한 사정을 풀어 없애는 것.
** 설한雪恨 : 원한을 씻는 것.
*** 설니홍조雪泥鴻爪 : 눈이 녹으면 기러기 발자국이 없어지듯이 인생의 자취가 사라져 무상함을 비유하는 말.

눈이 오면 14

흥부가 쫓겨나 홑옷에 설행雪行 길인데
사방 두루 하얀 눈송이들이 말없이도
깊고 뜨거운 속말을 건네며 추기므로
한천질寒天質 한恨이 한축寒縮이 차차로
눈석임하면서 이내 따뜻해지고 참에
의기義氣는 새싹처럼 돋아나면서 되레
'주는 것은 적으면서 많이 탐했다'고
자책하는 지경에 이르도록 대담해지니
그동안 소식 끊긴 그분을 뜨께질하면서
뜯이하면서 감사하면서 뜸팡이 소 박아
향기 올려 우애 실천 잠심하지만
저 눈꽃들 정실正實*은 연때 맞은
연등불練燈佛**로 여겨 가슴에 들앉히면
그 예지叡智만큼 냉철히 넓게 가르치는
경우 어디에도 없을 것이고
그 무언실행無言實行도 꼭 앞장서서
다잡아 그 길만 닦아 훨씬 나수게***

북돋울 거라고 믿어 든든히 받드는갑네
그로 말미암아 점점 틀수해지는갑네****
그로 더불어 봄갈이 힘도 키우는갑네

눈밭 갖가지는 가슴이 열린 이에게만
하늘이 내려준 화수분이네

---

* 정실正實 : 바른 속내.
** 연등불燃燈佛 : 과거 세상에 나와서 석가에게 장차 성불한다는 예언을 했다는 부처.
*** 나수다 : (타)높은 자리로 나아가게 하다.
**** 틀수하다 : (형)마음과 성질이 깊고 니그럽다.

눈이 오면 15

천지지심*만으로도 당당한 데다
소리 없는 소리 그 눈빛으로
온 천지를
온 누리를 빠짐없이 휘어잡아
속속 궁굴리다 내다지 내서
평정했으니 찜부럭은 사라지고
맞뚫린 가슴속마다 갈아입은
냉이싹들 벙긋 자박거리네

아아, 선사禪師 참가르침이구려
저런, 신불神佛 무어撫御이구려

---

* 천지지심 : 하늘과 땅의 공평한 마음.

제6부
꿈 이야기

속짐작
그 길은 된길
지금 발기해도 안 늦다
창망
어디가 종점인가
밤 1~3
달빛 1
달빛 2
노인 자적
넉자
가깝고도 먼 길
늦을수록 더 느긋이
영서
꿰미
퍼멀로이 난다
그래서 더 달뜬다
절대 가락 굽이친다
더도리에 조아린다
덜컥 채운다
마른벼락에 깬다
망부석 세운다

속짐작

한창 봄날 하늘 한가운데
연분홍 꽃보라 휘휘 날리고 흐르는데
뒤따르며 눈길 가끔 쏘아 건네는
그녀 속짐작이야 벌겋게 태우지만

어쩌겠느냐
따먹을 수 없는 상아孀娥*였던가

어쩌겠느냐
놓칠 수 없는 등대燈臺였던가

---

* 상아孀娥 : 달에 산다는 선녀仙女.

그 길은 된길

주먹만한 산새 한 마리이건만
눈이 내리고 비가 와도 그대로 맞아
이고 지고서 겨워도 떨려도
새끼들 끼닛거리 찾아 헤매는
몇십 리 날아 날아 취득해서 다시 산중턱
감나무 가지 위 둥지까지 이르는
길이야 작전 길이야 무퇴 길이야
개선장군 위풍 길이야 평치平治 길이야
ㄱ 개세지세蓋世之勢 위세 길이야
사랑 그 정념 길이야 된길 아니냐

도가道家 길 저기에 있잖느냐
도두거리 볼 만한 데 저기 아니냐
박쥐 두 마음 바로잡을 선당 그 본당
저곳에서 기다리고 있잖느냐

지금 발기發起*해도 안 늦다

잠도 깊이 안 들어
선잠에 뒤치다 꼭두새벽에 일어나면
하늘만 끌어들인다 속말만 건다
힘도 생각도 잦아들었으니 말랐으니
이것저것 작동이 안 돼도 달리 처방할
수도 없어 이 궁리 저 궁리 끝에
발기發起할 만한 동기를 잡을까 싶은
꿈나라 생각이지만 꿀은 적어도 약과만
달면 쓴다는 생각이지만 그것마저도
이뤄 낼 수 없는 미력 잔챙이다
뒤늦게 삼함三緘 붙이자는 갸륵함이지만
삼현三絃 도드리**에 들자는 허황함이지만
스스로 미량 재배시험만 한다네
하찮지만 안 늦는 진갈이 열정이네
옹기장이 신력맞이 마지막 갈무리이라네

---
* 발기發起 : 불도를 구하려는 마음을 일으키는 것.
** 삼현三絃 도드리 : 옛날 궁중 잔치 때 부르는 악곡.

창망悵望*

늙은 탓인지 꼭두새벽에 잠이 깨서
창밖을 무연히 내다보다가 점점
하늘을 읽는 둥 마는 둥에 빠져드는
무연삼매無緣三昧에서 언젠가 올라갈
서낭당 같은 하늘 자리 어딜 살펴본다

저기 그곳에서야
꾸민잠 꾸민족두리도 필요 없을 것이고
배 속에서 꾸르륵꾸르륵 소리 나는 일에
신경 쓸 것도 아니고 오로지 편하게
선법禪法에나 열중하면 되잖을까 싶은데

먼저 올라가신
아버지 어머니께서 머잖아 들어올
자식들 안주安住를 천신天神께 비는지
열문무烈文舞** 추어 대는 게 먼저 보이고
달 별들은 가까이서 촛불 켜 놓고서

액厄막이해서 서로 돕는단 뜻으로

안 들려도 거문고 병창竝唱을 짜릿이

열심히 뽑아 대는 짓도 아른아른 보이네

그 사지四知***들 따뜻이 끌어당기네

아직도 좀 남아 있는

가슴속 헛욕심 숙이고 떠나므로

대신에 선禪들 본다가 당당히 들어앉네

오오, 무아無我 무아도취無我陶醉이렷다

---

* 창망悵望 : 하염없이 바라보는 것.
** 열문무烈文舞 : 천신天神 앞에 제향할 때 영신 강신을 마치고 나서 추는 춤.
*** 사지四知 :『후한서』에 나온 말로, 둘 사이의 비밀도 종당엔 모두가 알게 된다는 것.

어디가 종점인가

어디 어딜 얼마나 멀리
걷다 오르다 그러구러 헤매다
돌고 돌아서 이르렀으니

고향 산천이련가

어머니 넋 호박꽃 그늘 아래이런가

삼신할미 손떠퀴 울 안[內]이런가

치장 없이도 아늑히 따뜻한
안방 아랫목 꿈속 그제야
마지막 종점 들었으니 여기저기
꽃들 향기들 누리며 휘둔이하며 더는
달 별이 굽어보며 빌어 대는 참에
화엄경도 옆에 앉아 다독다독 깊숙이
자장가를 읊어 주고 윗목에선 부릅뜬

등잔불이 범접 못하게 지키는 곳이런가
밖에선 대추나무에 기대선
업왕業王이 두루 살피는 곳이런가

아아, 고향 생가生家였네

밤 1

자상하고 조신한
영혼과 별들만이 지선가至善歌 읊조리면서
어느 아픔과 절망을
그 누유陋儒*와 거드름쟁이들을
달래고 타일러 일깨워서 번드쳐서
내일을 부침할 만한 적수로 올리는
무한 도량道揚

한가운데 자리엔
묵默 정靜 명冥들이 쪽 둘러앉아 벌이는
화수和酬 마당 꼼짝없이 집중시키네

그러므로 제 세상이라 판치고 담방이는
어느 쥐새끼 양상군자마저 운김에 걸려
숨죽이고 엎드린 채 가끔 뒤치며
되받을 수 없으니 현현玄玄히 거듭
귀재고 터득하여 함께 끼인 대로 덮인

아늑한 꿈속에서 깊은 환상 속에서
굼에 든 뱀이 긴지 짧은지** 형편이네

---

* 누유陋儒 : 식견이 좁아서 고리타분한 유학자.
** 굼(구멍 굴)에 든 뱀이 긴지 짧은지 : (구)그 마음이나 재주가 아직 세상에 드러나지 않아 어떻게 될지 알 수 없다는 말.

밤 2

어둠이 깊어지고 더 짙게 깊어질수록
그 무게는 불어나 점점 무거워지므로
아직 잠 못 이루는
몽꾼 경거망동도 차차로 눌러 꼼짝없이
큰 대자大字로 뻗은 채
몽상에 들면서 이따금 더듬거리지만
벌써 깊숙이 떨어졌네 묻혔네

깊어진 밤 겹겹이 얽힌 밤
낮때 통짜 다 부려 놓았으므로 가벼운
마음으로 선방禪房 들어 영경 젖는갑네
마침 중보仲保*도 나타나 눌러보면서
야범夜梵**도 맞아들여 나란히 맞추네
깊고 먼 길이지만 끙끙 헤치며
선점先占하면 나수는갑네 쳐주는갑네
어둡고 깜깜한 영역이지만
쌓아 올리고 더 겹겹이 쌓아 올리면

망妄이야 범접할 수 없다길래 그러면

어둠 속이 가장 진실한가 채근하니

그 밤은 빙그레 웃으며 외어앉아

혼자 한참 구시렁거리다가 야반엔 잘

예의를 갖추지 못한다고 혼잣말 흘리다

깜깜하다고 모반을 꾀해선 안 된다며

또 야순夜巡***에 맞닥뜨려 토실吐實했어도

야비다리 치지 말고 허풍 떨지 말고

야불폐문夜不閉門****에 이르기까지는 한사코

정심定心으로 꾸준히 도모해야 한다고

몇 번이고 신신당부하네 빚지우네

---

† 중보伸保 : ① 둘 사이에 주선하는 사람. ② 가톨릭에서 신神과 사람 사이를 화해시키고 유지하는 사람.
** 야범夜梵 : 밤에 울리는 범종의 소리.
*** 야순夜巡 : 임금이 밤에 평민복을 입고 민심을 살피는 일.
**** 야불폐문夜不閉門 : 밤에 대문을 닫지 않는 만큼 세상이 태평하여 인심이 순박함.

밤 3

야단법석들 숨죽여 가다듬고 둘러앉아
무롸낼까 빌고 있네

재림再臨은 드디어 소리 없이 들어
한번 휘둘러보고는 끄덕이면서
다 버리고 투한鬪狠하지* 말라고 이르네

모두 깜깜 둘러싸였어도
쫑긋 세우고 손 내밀어 맞아들이니
때마침 명월明月 나타나 사방으로
밝히며 넓히며 논놀라지도 추기므로
여기저기 벌노랑이꽃들 그 웃음들 슬슬
벌그스름하게 피어나는 대로 줄줄이
다가오네 둘러서네 바짝 불세례 받네
한참 나고 드디어 함께 야광배夜光杯
축배 경건히 올리네 서약하네 자허自許하네**
뒷자리 귀머거리도 낌새 알고서 잠잠히

목례 올리고는 그 선각先覺 앞에
몇 번에 감사 만만 바치네 얼마나 곰곰
뜨더니 뒤적뒤적 스스로를 뜯이하네

밤은 어둘수록 부릅뜨고 자경自警하네
밤은 둘러볼수록 경망을 잠재우네
밤은 깊어갈수록 영기靈氣 돋우네

---

* 투한鬪狠하다 : 다투어 싸우다.
** 자허自詡하다 : (자)자기 힘으로 넉넉히 할 만한 일이라고 여기다.

달빛 1

스스로는 그림자 없어도
상대에겐 그림자를 길게 키워 주므로
아른아른 달랑거리는 번득이는 간질이는
그리움 그리움인가

그 그리움 그리움은
가슴속에 들어와 가부좌하고 있지만
현존現存은 멀리멀리 있으므로

더 그리워 그리워서
눈에 밟히고 걸리므로
눈먼 고양이 달걀 어르듯이 해도
눈에 불을 켜고 어서 당겨 대도
눈맞춤은 그리도 안 되는가

더 그리워 그리워서
눈물지으면서 애간장 녹지만

눈총 주다 눈총 세게 쏘지만
묵묵무언은 그리도 안 푸는가

선녀仙女가 한밤중에 뜯어 돌리는
거문고 소리 파동열波動列인가
그 뒷소리 어루만지기 은휼隱恤*인가

---

* 은휼隱恤 : 불쌍히 여겨 베푸는 것.

달빛 2

소리 없는
미소 그만인데

다지르는
눈총기 뜨거운데

안아 들이는
가슴팍 아늑한데

월광보살 우리 어머니 엄마
그 얼굴빛 잔잔하지만 눌러보며
다독다독 엄발나지 않게 잡아 주는
불굴 지향志向이네 지선至善이네
드디어 다라니*네

---

* 다라니 : (불)여러 부처와 보살의 선정禪定에서 생겨난 참말로, 이를 외면 재앙에서 벗어난다고 함.

노인 자적

이제 다 털고 거두고
능수버들 초록 가지들 바람과 깨끼춤을
실컷 물리도록 구경하면서 침도 닳아
침 먹은 지네 나면야 가만가만 바닥에
박고 초록 물로 흐르게나 지싯거리게나
그보다 좋은 천유天遊 어디 있겠어
그게 꽃피는 날 아니겠어
그게 화냥년 웃음질보다 낫지 않겠어

넉자*
— 사랑 일가언一家言

중요한 확인에 도장圖章 찍을 때
먼저 부드럽고 푹신한 밑받침을 놓고서
그 위에다 서류 얹어 꾹 찍는 것이
우리 관습인데 서약인데 거래인데

벼락도 치기 전에 먼저 번쩍번쩍
번개를 몇 번 따끔령으로 알리고 나선
먹통들 죄루罪累들이 빌미 떨기 깔고
이어앉아 먼저 깨닫도록 늑줄 주어도
삼십육계 치지 않게 멀리서 지켜보다가
마침맞게 나선 정조준 몰방질로 허물어
장공절죄로 골라낸 떡잎집을 장차게
과수果樹 자랄 수 있게 둘레 군데군데
천주天柱 세워 방색防塞하듯이 빌듯이

늦깎이 사랑 화동도 오래 두고서
되살피고 되들추고 된바람에 불리고

구궁법에 붙여 서에 역량도 알아보고
몇 짐을 지워 깡다구 센가도 떠보며
느긋이 찬찬히 곱씹는 동안 끈끈하게
달콤하게 고소하게 맛발라지면 척
그이 가슴팍을 넉자* 삼아 깔고는
내 열혈 온몸으로
내 겹겹 슬갑으로
그 온달溫達 내밀 지모로 감싸서
꼼짝없이 요지부동으로 깊숙이 찍고
봉송하게 누르고 불냈으니 지어부어서
쇠디우면 바로 통철하면 어리얼씨
귓속까지 슬瑟** 소리 들어차고 넘쳐서
점점 하늘까지 진동할 것이네

---

* 넉자 : 도장이 잘 찍히도록 받치는 푹신한 사슴 가죽.
** 슬瑟 : 중국 고대에서 쓴 악기로, 오동나무와 밤나무로 틀을 짜서 25줄을 매었음.

가깝고도 먼 길
— 사랑 일가언

멀리 점점 멀리서
아른거리며 떠나지 않아
좀체 잊히지 않는
사람 그 아지랑이

내 안의 나 찾기보다
더 어렵고 안 잡히는 메숲 속
뻐꾹새 그 사람 그 에코

부르고 부르다가 빌고 빌다가
보름달 기울어 어둑해져도
끄떡없이 자존자대 지키는
사람 그 북두성

가슴속에 몇 권이나 쌓아 두고
해동갑하여 읽어 내고 갖춘 몬존한
사람 그 상온想蘊*

가을 전어구이엔 집 나간

며느리도 돌아온다더니 그렇게라도

며칠이고 적공해 볼가나

＊상온想蘊 : 많은 것을 받아들이는 감정과 시상.

늦을수록 더 느긋이
— 사랑 일가언

가물 들어도 넋 놓고서
외면하거나 포기하지 않고
꼬창모 꾹꾹 깊이깊이 심을 일이네
웅숭깊은 신앙과 결사적 결인結印 믿어
하늘도 감동해 웍더글웍더글 지르며
비雨 비 한맛비 흥건히 내리듯이,
비 맞은 중[僧] 담 모퉁이 슬슬 돌아가는
소리 끝내고 나선 알았다고 늦었다고
어서어서 스스로를 더 추슬러 다잡아
발걸음 높여 벌겋게 헐금씨금하므로
길은 금세 줄어 선당禪堂 다다르듯이,
참사랑은 안으로 끙끙 힘들며 멀리
임중도원이어도 도서거나 물러서지 않고
들어나쓰기로 척 멋지게 매기단해야만
바로 각생하고 질륭郅隆도 맞는 거라네

사랑 일보다 더 긴장되는 거 있겠는가

사랑 일보다 더 옆질하고 뒷질하면서도
안섶에 묻고서 허발하는 거 있겠는가

그 불길은 소방 호스로 막는다 해도
저런 불깃까지 넘어서 활활 여지없이
바람꽃처럼 날아 날아 번지며 번지며
탄 자리엔 마침내 두렷이 층층으로
도라지꽃 피어 웃고 있으니 좋고말고
적공積功과 천우天佑로 방창한 것이네
비결은 늦을수록 스스로를 더 죄어
가늘고 길게 뽑아 신둥부러지게 재빨리
그 블루머bloomer 속에다 감개 감고로 깊이
쑤셔 넣는 것이네 이때 영락없이
함께 영발 비결정 광물 나는 것이네
함께 감놀 밑돌 놓이는 것이네
함께 철옹성 쌓아 올리는 것이네
얼마나 든든하고 신명지는 일이겠는가

영서
— 사랑 일가언

꽃은 피었지만 꽃은 피었지만
꽃은 피었지만, 아직 이르네

꽃은 피었지만 꽃은 피었지만
꽃은 피었지만, 아직 모자라네

꽃은 피었지만 꽃은 피었지만
꽃은 피었지만, 아직 멀었네

꽃은 피었지만 꽃은 피었지만
꽃은 피었지만, 아직 아령칙하네

꽃은 피었지만 꽃은 피었지만
신명神明 가호와 지기地氣 받았으므로
오르고 올라 주렁주렁 열어서야
끝 마당 영서창詠敍唱* 길길이 높아지듯이

새우깡 먹으며 맛발라 일어난

오감五感 단맛이 아니고, 맞닥쳐 뚫은

최적 영서靈犀**로 말미암아 탄탄히 곧게

드러낸 절대 투합 의지인 데야 장차

뒷소리도 주고받으며 밀거나 끌거나

온 정성 몸흙도 살게 주고 북돋워

뒷배보지 않으리까 모자라면 하늘에

맡기지 않으리까 이때면 틀림없이

향왕向往*** 열매 무르익을 것이고 더는

영바람 향기도 감싸 주지 않을까

---

* 영서창詠敍唱 : 노래를 유창하게 선율조로 부르는 것.
** 영서靈犀 : 영서일점통靈犀一點通, 두 사람의 마음이 잘 통하여 함께하는 것.
*** 향왕向往 : 마음이 늘 누구나 어느 곳으로 향하는 것.

페미*
― 사랑 일가언

하늘에선 달 별이 굽어보며
빌어 주고 점지해 준다더니
그래서일까 더는 원력이 도와서일까
우연히 내 바로 앞에선
스스로 호사했어도 참 소곳이
말없이 눈빛 질러 잡아매고는
숭굴숭굴하여 벙시레 간질간질 뜻하는
그이 그 선수善手 잉질 굼뜨게
얼러맞추다 이냥 지부럭거리다
마감으로 째못까지 깊이 박으니
제일 선도적 영봉零封**이구려

(오오 눈부처!)

얼마나 많은 그이 영성이 투영되었는지
세잔***의 솜씨까지 이입시켜 주었는지
이젠 난 붓 물감이 없이도

그이 온몸 속내를 그려내고 있구려

(오오 햇귀!)

눈먼 총질 속앓이 태우다가 야울야울
재까지 하얗게 속불 모춤해지면서
그 불김 둥둥 어디 거기쯤 날아가
그이 앞에선
홀씨 하나 둘 셋 맞잡이 보기 좋게
빨강 장미 오르도록 곧뿌림하는구려

(오호 향령響鈴!****)

꿈길 선잠 헤매다 뜨고 건너보면
코밑에다 살포시 사려 준 끈끈한
그이 향기 벌이줄 그 정情끈목
내내 기다렸단 듯 어서 건너오란

하소인가 찌그렁이인가 퍼붓는구려
복사꽃 온기 할미꽃 숨기 끈기 아니
삼토***** 영기까지 버물리는구려

---

* 페미 : 무엇을 꿰는 데 쓰는 노끈이나 꼬챙이.
** 영봉零封 : 경기 시합에서 상대가 득점 없이 지게 하는 것.
*** 세잔 : 프랑스의 화가.
**** 향령響鈴 : 향령무를 출 때 쓰는 긴 방울.
***** 삼토 : 인삼을 재배하기 위한 거름을 섞은 흙.

퍼멀로이* 난다
— 꿈 이야기

첫눈에 좀 빛다르게 띄더니

한포布** 입성 퍼벌해서도 끌어 대므로

쇠디기되어 더 덧붙여 덧붙여

퍼멀로이Permalloy 났으므로

붉은 맘은 내내 뜨겁게 동행하겠네

뭉친 장력壯力은 산도 끌어다 부리겠네

중심重心은 동아줄에도 끌리지 않겠네

---

*퍼멀로이 : 니켈, 금을 합성한 자성磁性을 지닌 합금.
** 한포布 : 파초의 섬유로 짠 날이 굵은 베(소박하고 검소하단 뜻으로 쓰임).

그래서 더 달뜬다
— 꿈 이야기

눈멀었었고

뽕났었고

벙벙했었고

덧없었고, 아아 허허

화운和韻* 맞적수 좀체 해찰하지 않고
연連달아 당기며 올리며 연鳶이었으므로
혼魂소릴 울리며 높이며 무지개였으므로
모둠꽃밭 아우르며 돋우며 나비였으므로
스스로를 자존하며 지키며 달이었으므로
달맞이꽃은 쳐들고 벙싯 솟대였으므로,

---

* 화운和韻 : 남의 시의 운자를 써서 답시를 짓는 것.

절대 가락 굽이친다
— 꿈 이야기

안 보여도 점점 가까이
다가오므로 나도 모르게
어깨춤 일어난다

향기 스멀스멀 감기다
점점 뜬적거리다 어리치므로
벌렁코 숨소리 높아진다

벙벙히 올리다 휙 잡아채서
벌겋도록 달구다 울렁울렁 감동시키는
절대 가락 너울너울 굽이치므로
도드리 뒤따라 쿵쿵 돌린다

더도리에 조아린다
— 꿈 이야기

어마나 저렇게 깔밋이 피었는가
벌노랑이꽃 곱구나 순하구나 진하구나
먼발치로는 여린 듯 애잔해도
속심心은 땡볕과 맞적수 자신만만해서
이리저리 넓게 끌어들이는가 붙이는가
이왕이면 아랫방에 개미도 그저 쉽게
드난살이 들이려는지 웃으며 맞는다
그 정분 알았는가 부러웠는가 끌렸는가
비랍난 바람과 새들 노을도 슬그미
저자 무릎 그림자 안으로 모여들어
갈증 풀며 더도리 정신 터득한다고
손 모아 깊숙이 조아린다
호랑나비 땅벌은 시새는가 더 그리는가
빙빙 돌면서 끄덕이다 이따금
방호하려는가 둘레둘레 살피다 일순
어지빠른지 벌겋게 끓으며 감쳐문다
놀랍게 깜짝

하늘도 은근히 마뜩했는지 앞으로 더
몸조심하라고 비단 머리처네도 선물하니
어어 허허 무장 오른다
철부지도 편안한 손도으리 바치겠다
허기마다 만나면 휘어들어 불러지겠다

그리하여 시퍼렇게 길고 긴
눈길은 잠시도 안 놓고 잡고 있으니
쇠디기하려는 신앙인가

덜컥 채운다
— 꿈 이야기

재장구치니까
깊숙이 쏘더니 점점
꼼짝 못하게 누르다 죄다가
맛맛으로 맛신경이나 깨우고 날아갔는데

또 한번 어찌 걸리니 이젠 막 막론으로
덜퍽스레 재우치고 얼 빼놓고는
오롯이 재송再誦해 주며 깃기므로
뜻 모르고 따라 재자재자 우물거리다
일순 덜렁 나를 잊고서
'우물 옆에서 목말라 죽게' 되는가
열십자十字로 퍼져 쥐어뜯는데
그자 찬찬히 건너보다 다음에 보자며
눈짓 몇 번에 다시 하늘 올라간다

만날 때마다 덜컥 채우더니
언젠가도 모르게 또 풀어 놓으니 어쩜

선녀仙女라서 못할 일이 없는 건가
이렇듯이 잘 골라 뽑으려는 건가

마른벼락에 깬다
— 꿈 이야기

마른벼락 몇 번이가
먼산바라기에 정통으로 아뜩하도록
찌르고 박으니

마른침 가쁜 숨에 얼떨히 추슬러진
묵밭 가슴팍, 좀 걸려 감들어
휘문이 싹 얽이 위로 내밀고 웃고
허세는 무너져 불리고 날리고 나서
광석鑛石 지반 제대로 드러나듯이

천불千佛에서 석가는 네 번째 나타나
웃음과 빈손으로만 설파했듯이

그 선진先進 좀 늦추 외수외미해 잡고
진격하여 평정하고 다시 추기니
여세 낌새 낌줄에 옭아맨
그자 자허自許

그자 자진 자결도 머뭇머뭇
네댓 번 헤아려 휘영청 다가온다
네댓 번 다짐해 차근히 결어댄다

종당엔 으깍 없는 맞잡이
화운和韻 마당인가
화월花月 경지인가, 말문까지 막는다

망부석 세운다
— 꿈 이야기

애태우며 애태우며 애태운 대로
절절하여 이냥 좇아야 하는

고프고 고프고 고픈 대로
다하여 이냥 끌어붙어야 하는

몰방질하고 몰방질하고 몰방질한 대로
맞뚫어 이냥 한통쳐야 하는

집념은 차라리 천명 받드는 것 같아
갈수록 쫓기는 듯 몰리므로 그만큼
내광內光*도 더 세게 쏘면서 안달하다
넘어져도 속열혈은 무장 펄펄펄펄
수천 도度 끓어서 스스로를 먼저 철저히
쇠디워 십척尺 망부석 세우므로
그 밑엔 자랑스레 자늑자늑하게 겨우
꼼지락거려도 해동갑하여 훌쩍이다 넘쳐

훔치고 몇 번을 되풀이하는
그 넋[魂]마저도 여전히 아스라한 그곳
그리워하는 높이는, 등대하는 그어주는**
그이에게 영광을 빌고 있다

---

* 내광內光 : 심광心光. 만물의 진상을 밝히는 부처의 지혜, 그 같은 총명한 마음.
** 그어주다 : (타)몫으로 얼마를 떼어 주다.

제7부
그 이야기

큰아들
그 이야기
그 소리만큼 한다면야
노을 새기니 떠오른다
그대도 물결치는가
되고 된다
꼴불견
홀로 격
흐락
맹씨 국회의원
동문서답
음상
도두걸이 풀이
분수대
코뚜레
립스틱
바나나
개꿈이련가
더 뜨겁더라 좋더라
낮달
또 다른 동천
안사람

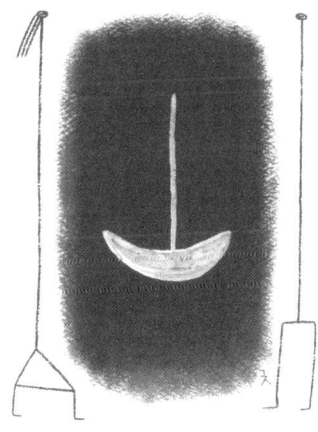

큰아들

등짐 많이 져서 무겁다고
대문 안이 아닌 밖에다 부리겠는가
일후一吼 못 지르겠는가
일덕一德 길 못 오르겠는가
드디어 제대로
큰문門 잡히지* 않겠는가
시대가 변해서 눈총을 맞을 솔창率倡**은
벌이지 않더라도 이웃을 분발시킬 만한
한턱은 마련하지 않겠는가
모두를 화동和同시키고 아우를 만한
마르틀레martele***를 연주하지 않겠는가

천리마千里馬도 맞수로 삼겠네

---

* 큰문 잡히다 : (구)존귀한 사람이 드나들 때 대문이 열리다.
** 솔창率倡 : 조선 시대 과거에 급제한 사람이 귀향할 때 광대를 앞세우고 피리를 불리던 일.
*** 마르틀레martele: (음)현악기의 연주법의 하나.

그 이야기

잡힐 듯 잡힐 듯 안 잡히고
영 애태우더니

내미는 듯 내미는 듯 안 붙들고
아슬아슬 도치하더니*

외면하는 듯 외면하는 듯 안 돌아서고
힐금힐금 어일싸 떠세하더니**

드디어 떡판에 엎드려***
한참 꽁꽁 뭉쳐 눈석눈석 끈실긴 내도
가늘고 길게 댕댕 울리는 대로 아득히
겹치는 몸짓 소리 열기 짙어지는 끓는
꿈 밖이 아닌 꿈인지 생시인지 달콤한
떤꾸밈음音trill**** ― 사랑 일도─到련가
무언가無言歌 홍취 ― 숙정***** 일취─醉련가

* 도치하다 : 순서나 위치 일을 뒤바뀌게 하다.
** 떠세히디 : 진체하고 억지를 쓰다.
*** 띡판에 엎느리다 : (구)무슨 일에 골똘하여 떠나지 않다.
**** 떤꾸밈음音trill : 어떤 음音을 연장하기 위해 그 음과 2도 높은 음을 교대로 빨리 연주하여 물결 모양의 음을 내는 장식음
***** 숙정宿情 : ① 오래 키운 정감. ② 본디부터의 마음씨.

그 소리만큼 한다면야

담장보다 훨씬 높게 넓둥글하게 퍼진
감나무 속가지 올라앉은
까치 두어 쌍雙은 이른아침을 깨우는지
스스로들 일과를 다짐하는지
하늘 보우保佑를 비는지 중얼댄다

할머니 어머니는 그 뜻을 알아들으시고
쳐다보다가 끄덕끄덕 알조 받은 자홀*에
사랑방 일꾼들 불러 깨우고

그 소리에 첫 햇살도 부랴부랴 일어나
몇 번 길게길게 기지개하고서 챙겨 들고
세상천지를 눌러보고 고루 도르리해
터전 잡혀 부침시키니

더구나 그 알뜰한 신사愼思 신정新情에
풀꽃들 나뭇가지들 재배 식물들과

허풍선이들까지도 고쳐먹고 부합하는
띠앗머리와 합환 성주받이를 꾀한다니

참뜻은 가늘고 짧아 외치지 않아도
가슴 깊숙이 알속하는 것인가 보네

---

*자홀自惚 : 혼자 황홀하게 느끼는 것.

노을 새기니 떠오른다

해질녘,

노을밭을 몇 번이고 뒤적뒤적 뒤치다
밀어젖히다 넓히다 배접할가 하니
어디 노인곡老人曲*이 먼저 알고 잔잔히
끄덕끄덕 옆질하면서 같이하자고 하는데

서로 이미 알고 지냈던
둘이는 다시 마침맞게 진지하게 잡아
'저 빛발이 왜 선연한가'
'그 국소가 어째시 출렁이는가'를
아는지 깊숙이 선문답하다 추기다
일순 된불 맞히므로

서로 더욱 바로잡혔는지 숙성해졌는지
한참 속속들이 살피다가 마침 가마는가**
'나는 그이를 잘 알고 있는데

그이는 나를 헤아려 봤는가'를 제법
맞질리도록 되물어 대므로 다그치므로

서로 우물쭈물 대답은 없어도
한동안 떠보다가 본디 본때 알아야만
한다면서 숙정宿情을 따로따로 요리조리
만지작거리면서 숙설대다 숙숙해지더니

서로 속맘 제대로 읽었는지 닿았는지
맞잡아 들이면서 힘까지 보태면서
남은 앞으로를 낌줄*** 파듯이 정성껏
마치자고 북돋우네 꾹꾹 짚어지네

---

* 노인곡老人曲 : 신라 시대에 노인들이 부르던 거문고 곡조.
** 가말다(가마니, 가마오) : 일을 재량껏 처리하다.
*** 낌줄 : 광맥이 거의 끊어진 지점에서 실마리가 되는 가는 광물 줄기.

그대도 물결치는가

도랑물 강물 바다가 잇대서 흘러가거나
출렁대는 것만이 물결치는 것 아니고
봄날에 꽃빛과 그 향기들이 시새우고
여름철 온 산야에 녹음들 그 빛발들
가을엔 황금빛 그 두루춘풍들 북적북적
휘적대는 것도 물결치는 것 아닐까

서로가 호흡을 같이하여 천사슬 따르며
좇으며 조심조심 천살일 피해서 오로지
세勢 올리고 넓히면서 몰아들이면서
물색物色들 그 물성物性 키우고 무장
불렸으므로 여축했으므로 참 넉넉해져서
사람들마다 감지덕지 힘입어 건둥그리니
세상천지가 늘상 그루 갖춰지고*
부지되는 바람에 더 휘문이하는가 보네
별 달도 밤이면 내려와 부쳐지내면서
상호 투합 과정을 터득하는가 보네

바다 물결은 운행을 좌지우지하고

인심 물결은 꾸준히 은류하면서
서로 설면한 으깍도 없이 이심전심으로
어느 지도자 덕성德性을 키워낸다니
그 열렬熱烈은 천력天力 원력 아닌가
쥐코조리 비뚤이도 그 앞에선 감히
나댈 수 없어 깊숙이 깨쳐들고서 떡
운증용변雲蒸龍變**을 아른아른 떠올린다네

그대들 누군가 발휘해 씻어 대며 점점
속맘까지 다잡는 그 드레 물결 힘[力]은
자칫 등한히 하지도 않고 달성한다니
여간 당당하고 번히 우뚝한
선도자先導者 열성 아니겠는가

물결치네―파랑波浪치네―회한悔恨치네―
대오大悟치네―서광曙光치네―영성靈性치네

---

* 그루 갖추다 : (구)벼나 이삭이 고르게 패어 가지런하다.
** 운중용변雲蒸龍變 : 물이 증발해서 구름이 되고 뱀이 변해서 용이 된 단 것으로 기회를 맞아 흥성할 수 있다는 뜻.

되고 된다

1

빨갛게 화사하게 핀
장미꽃 앞에선 나비 된다

연분홍 속적삼 속 살포시 내민
숫가시내 젖퉁이 앞에선 홍당무 된다

2

하얀 세모시 저고리 입으신
할머니 앞에선 병아리 된다

위엄 묵직하고 키[身] 훤칠한
아버지 곁에선 큰볏 장닭 된다

3

별별 끼웃음 내돌리며 안기지만
짜뜰름댄* 화냥년에겐 노방초路傍草 된다

손등은 소나무 껍질 되었고
가슴까지 끓이며 남편 보약 달이다
화상 군살 덧얹힌 팔목 가늘어진
아내에겐 든든한 평생 지팡이 맞지만
좀 켕겨선지 종종 억양반복으로 되잡는
억보 꼴같이 된다 척해도 덧붙이 된다
서로 혼자씨름하여 깊은 혼작**이 된다

4
글쎄 부지깽이만도 쳐주지 않는
끝물이지만 품성은 불이 안 꺼졌다
그만큼 따뜻하다 아직 붙일 만하다
값 놓을 대상이 아니다 안 된다
후일에 온고지정으로 꼽힐 것이다

사랑 앞에선 그 오지랖 안에선
상머슴 되어 심한 일 해도 신난다

뿌리는 깊숙이 넓게 장악했으므로
바람이 세도 영역을 꿋꿋이 지킨다
그렇게 하여 내림이 되고 된다
차차로 아성牙城 기반 되고 된다

* 짜뜰름대다 : 줄 것을 한목에 주지 않고 여러 번에 조금씩 주다 말다 하다.
** 혼작混作 : 농사 지으면서 이것저것 섞어 짓기.

꼴불견

보일 듯 말 듯
깊은 어둠 겹겹 속에서
뒷소리 음색音色인데

보일 듯 말 듯
만리萬里 바닷길 어디
등대 불빛인데

보일 듯 말 듯
이른 봄 양지바른 데 거기
싹芽 눈빛인데

보일 듯 말 듯 아니 불거질 듯
팬티바지 속 가랑이 오방午方 명당 속
특질 홍옥 같은 육肉오디 그 육六구만*
풍미風味 별미 든 금난金丹이데

어느 것이 제일 당기는가
어느 것이 제일 맞질리는가

어느 것이 제일 맛붙이는가
어느 것이 제일 얼빼는가 가려낸다고
먼저 나서 장황하게 늘어놓는 것은
꼴불견이라고, 그러거나 말거나

이래도 저래도 슬그미 달아올라
군침 꼴딱꼴딱 삼키면서 안담한다고까지
눈짓 쏘며 끄덕이는 폼은 소곳하므로
꼴불견은 아니라고, 그러거나 말거나

저런! 허허! 감탄하면서 녹으면서
승화하면서 뺄뺄 어찔어찔 뜨는 휘는
수나귀 하늘까지 당당히 몰아가면서
눈씨 불꽃 불티 멀리멀리 쏘아 대므로
달[月]도 안내하다가 일월삼주一月三舟**로
이건가 저건가 헷갈리면서 풀어지면서
화평해지는 대로 느긋이 한참이나
소고풍小古風*** 풀어놓아도 꼴불견인가
억지 춘향인가는 사돈댁 일이고, 그저
옴중****도 극점 이르도록 꼴리면 와지끈

물어뜯다 일순 먹탱화 퍼져 반짝거리니
사방이 소리 없이 벙해지고, 그런가
그런가 엿보던 부지깽이 벌게지다가
뻘겋게 몰아쉬네 드디어 죽자 사자
쑤셔 대네 퉁탕탕 번갯불 떨어지네,
뒤이어 실컷 놀며 위닝볼 쏘는 소리
그 몸소리 지르며 돼쏜 옹녀 요사짓은
꼴불견인가 혀도 내둘리는 너스레인가는
강 건너 불 구경이지만, 정 급해서
까발려 숙이고 오줌 누니 시원했건만
저런 다시 솔깃해져 눈길 길게 조준해
들추고 들척대는 거다 못 고칠 병인가

---

* 육六구만 : 잎이 여섯 달린 산삼.
** 일월삼주一月三舟 ; (불)배에서 달을 볼 때 정지한 배에서 보넌 달노 정지해 있고, 남행南行하는 배에서 보면 달도 남행하고 있고, 북행北行하는 배에서 보면 달도 북행한다는 것, 즉 사람 맘에 따라 달리 이해된다는 뜻.
*** 소고풍小古風 : 운韻을 달지 않은 시체詩体(자유시).
**** 옴중 : 탈을 쓰고 춤추는 중[僧].

홀로 격格*

늙어 혼자 돼서야
그 밑돌 그 의지는 차차로 여부없이
'새벽 바람 사초롱'**이었단 걸 안다네
절실히 깨닫는다네 감사한다네

외롬에 눌려 가라앉은
새벽 호랑이*** 밀리기만 하다가
성깔 아직 부루나간 터이라 이따금
아들딸 이웃들한테 잘 안 한다고 툭
속투정 질러놓고선 다시 후회하건만

밤 깊어가면서 달빛 더 환할 땐
잘못한 옛일 미련 한참 되씹노라면
사날**** 슬그미 사라지고 허옇게 되는데
왠 저승말이 번쩍 얼씬거리면서 바짝
눈짓으로 더 자중자애自重自愛 길을
닦아야 한다고 겁주는 듯 보아주는 듯

흘기니 무장 더 시든다네 붙박힌다네
해읍스름하게 얼빠진다네 감긴다네

남은 모정慕情은 하늘나라 옛정 찾아
가까스로 더듬더듬 올라간다네 어쩜
앞엔 교미붙은 박쥐 한 쌍 비상飛翔이여

---

* 홀로 객客 : 늙은 홀아비 또는 홀어미.
** 새벽 바람 사초롱 : 매우 사랑스럽고 소중한 것.
*** 새벽 호랑이 : 세력을 잃고 물러나게 된 신세.
**** 사날 : 거리낌 없이 제멋대로 하는 성미 태노.

흐락*

여행 길 중년 남자 우연히
휴게소에서 만난 중년 여자를 한참
우물우물 힐금 쳐다보다가 그러다니
들릴 듯 말 듯 중얼거리다가 그러더니
상대 속목** 속맘을 몰래 훔쳐 앉궜다고
양양히 웃음까지 띄고서 하는 말인즉

"늘씬하게   달착지근하게
 매끈하게   쫄깃쫄깃하게
 흐벅지게   따뜻하게
 토실토실하게   깊숙하게
 푹신하게   끈끈하게
 보이더라 당기더라 뒤발하더라."

서슴없이 토설하면서 자랑하면서 트면서
믿기지 않을 만큼 뻥까면서
더 말하면 잔소리에 지나지 않는다고
휘갑친다 앙다문다 질끈 맨다

사랑 낚시질은 첨은 엉뚱하게 알송하게
시작해도 그것 자성이 강하므로
알게 모르게 끌려 꿰어 옭혀
서로가 가물가물 녹아 몸흙 변해서
구지나무 자라고 웃자란 많은 가지들
꽃 피고 꽃보라까지 뿌옇게 날린다네

영락없이 그만하면
뒷소리 많이 보낼 만하네
배짱 끈기 좀 배울 만하네

흐락은 때론 솟봤어도 어쩐지
뒷맛은 달각달각 오래 간절이더라
추상적 미련을 현실화시킬가 싶은
딴생각도 배죽 쳐들고 볼강거리더라

---

* 흐락 : 우스개로 하는 짓(말).
** 속목 : 눈을 계속해서 쏘아보는 것.

맹씨盲氏 국회의원

되잡아 홍이야 잘도 논다나

브라자만 생각해도
군침 솟아 안절부절 못한다나

전錢 냄새 맡아 훑기는
사냥개 언 똥 들어먹듯한다나

쌓았단 업적 자랑은
표절한 위세委蛻*도 들통나서 쩜쩍맨다나

나서기는 눈치코치 아랑곳없이
금테 안경 쓰고 설친다나

오냐 오냐 아가 아가
어서 철나서 앙갚음해야지 안 그러냐
하늘나라 할애비다

하늘나라 할애비다 부탁한다

윗자리 하느님도 살피신다니 제발

할경받을** 일은 말아야 한다 꼭 차리고

꼭 따라야 한다 꼭 믿는다

[첨언] 어느 나라 국회의장까지 지낸 모씨某氏가 골프장에서 캐디Caddie 가슴을 건드려서 고소당했단 언론 보도를 보고 쓰다.

* 위세委蛻 : 매미나 뱀이 벗은 허물.
** 할경받다 : 남에게 업신여김을 당하다.

동문서답

오랜만에 만나는 노인들이면 으레
요새 어떻소? 서로 물어 궁굴리면
백수건달白手乾達에 없어 없어 하면은
좀 기氣가 살아있어 뵈고 끈끈하지만
그냥저냥 백수풍신白首風神에 어디에
백수북면白首北面* 찾아도 그리 쉽게
만날 수 없다고 불평하면 그건 참
늦부지런 늦사리 늦복 탄 위인이지만
대부분이 아이고 얼른 가고 싶어도
맘대로 안돼서 정처 없이 오늘도
여기저길 기웃대네 죽어야 말지
사는 게 벙어리 차첩이라며 곧 시드네

늙은이 상늙은이 돼서도 조쌀해
백수白水** 앙귀 간직할 일이야 참말로
어렵고 힘드는 과정으로 어찌 마치자면
백수풍진白首風塵에서 헤는 처방 즉

밤하늘에 별들을 세는 일이네, 저런
그게 맞는가 뉘서 떡 먹기 아닌가?
맞으면 그만이고 안 맞아도 불구속이네
동문서답東問西答이네

---

* 백수북면白首北面 : 덕이 없는 사람은 늙어서도 북쪽을 향해 스승 가르침을 기다리는 것이 좋다는 말.
** 백수白水 : 맑고 깨끗한 마음을 이르는 말.

음상音相

음설音舌이지만 엉뚱스레
음설淫媟하게 놀리는데 꿰는데

"길고길고 단단하다고……"

"빡빡하고 은근히 깨문다고……"

"빠지지 올리고 벌겋게 태운다고……"

"십리도 물고 감실거리고 나서
 며칠이고 바득바득 쥔다고……"

연노 서로 앞선다고 자랑하며 누르면서
죄사罪死하잔 것은 아닐 거고 이왕에
등선登仙하자는 목적으로 군침 삼키면서
좌중은 영 모르고 뻘뻘 등등하네

하기야 세상사 복불복이므로
저런 재주 못 가춘 처지는
되풀이하여 맘속 상상에 맛발라 채우며
헛배 부르면 자칫 복수증腹水症이나
샛길가 모르니 불구경으로 멀리하고
아랫배나 지긋이 문지를 일이네
그래도 정신 안 들면
달을 오래 쳐다보면서 늦었지만
그 자신도 토설하면 조용히 꼭
물신선 난다네 틀림없다네

도두거리* 풀이

어찌 저리도 그리도 참

돌았단 말인가 미쳤단 말인가

미친년 날뛰어도 유분수란데

미친놈 놀아나도 신神이 지폈다곤 하지만

아니 저럴 수 있는가

불났는지 불냈는지 불길 튀므로

모두 불난 데서 불이야 불이야 하네

모두 가슴속 불뚝심지 타고 타서

불덩이 합친 큰불 품고서 깊숙이

불너움不ㅅ습 조아리다 번쩍 외치네

붙박아 대네 영락없는 모닥불이네

천千날이고 만萬날이고 외길로

자신을 학대하고 죽이려 들자는

엉뚱하고 어귀차게 시퍼런 끈질긴

영렬英烈 각오 없이 경지에 올랐겠는가

땀범벅 눈물범벅에 피[血]도 태워 끝내고
십만억토十萬億土**에 주저앉아 잠시
허분허분 풀리는가 흑흑 흐느끼지만
본本모습에선 동살이 길길이 빛나므로
달인으로 어련히 받들리네 이왕에
산디판*** 한가운데 높이 올라앉히고 앞에
피리 대금 쟁 가락들도 바쳐 정중히
축하해 줄 만하네, 얼씨구 높아라

저 순수 웃음꽃은 한참 차분히
속정신을 고루 도르리하므로, 감희한
산심들 가다듬고 인심 방천에 똑바로
나서겠다고 하네 맹세하네

---

* 도두거리 : 농악에서 상쇠가 윗몸을 옆으로 눕혀서 얼두 빌 상모 선을 돌리며 뛰어넘는 동작(상모돌리기).
** 십만억토十萬億土: (불)중생이 사는 현상 세계와 극락 세계 중간에 있는 불토佛土를 이르는 말.
*** 산디판 : (산대놀음) 탈을 쓴 광대가 풍악에 맞춰 춤추는 놀이판.

분수대

신세계백화점 앞 우뚝한
분수대 시원스레 물줄기 뿜으니 벌써
서울 도심에도 여름이 들었구나

물줄기 물줄기 쉼 없이 뻘뻘
스스로 힘꼴 외쳐 대면서 질러 대면서
눈길들 서늘히 끌어들여 둘러세우고
눌러잡아 씻가시므로 재양치므로
명동 헛장들 깊숙이 숙이고
생먹지 않고 좇아 거늡나넘서
모두 새로운 마음과 기상으로 사붓이
생글생글 들레며 오르고 넓히네

분수대 역할이야 안성맞춤으로 필요한
여름 의지依支 그 여랑女郎이므로
그 덕분 그 뒷배포에 힘입어
과욕 과열에 처지고 풀어진

뒷사람 얼뜨기도 점점 얼러맞추잖은가
너무 깊어 으슥한 산골짝
암자 그 여설如說*만큼 꾹 모집잖은가
그렇게 외로워도 혼자 지키며 자양하던
어느 상부孀婦 눈짓만큼 질름거리잖은가

옳지 옳지 아무튼
총력이다 불퇴전不退轉이다
불굴 지향志向이다 벅찬 지선至善이다

---

* 여설如說 : 불법佛法에 어긋나지 않고 맞는 일.

코뚜레

황소와는 운명적 관계
한통속에 할경*은 서로 안 나타낸다네

황소 콧물 덕지덕지 묻어서
반짝반짝 빛나네

황소 숨소리 주렁주렁 얽힌 채
벌겋게 헐근거리네

황소 힘줄 친친 감겨서
이글이글 잦추르네

황소 끈기 깊숙이 배어서
힐금힐금 벼르네

시작하면 끝 모르는 그 원진圓陣** 길
느릿느릿 꾸준히 진이 빠지도록

수행遂行하는 수행修行하는
원행遠行하는 원행願行하는 신앙인
말문을 막고 누르는 가석한
정진 그 혼불 벌벌 번지네

한때 조선 민초들 사이에선
위아래 모르고 설치거나 날뛰는
덜렁이는 코뚜레에 꿰어 바로잡아
황소와 함께 겨릿소로 부리자는
농담도 주고받았다네 그만큼 요긴했다네
오랜 풍속 희비애환이었다네 그만큼
흐트러지면 일침이 필요하고
코뚜레는 만용 객기에 일침이었다네

---

* 할경 : 남에게 말로 업신여김을 나타내는 것.
** 원진圓陣 : 둥그렇게 된 진지의 형태.

립스틱

옛날에 방폐房嬖*들이 원님 환심을 흠뻑
사고 싶거나, 원녀怨女**가 남정네 한둘
어루꾈가 내색하는 짓으로 별다르게
입술에다 짙게 빨갛게 발랐다는데

세상에 상전벽해 돼선지 생태형 나선
것인지 여중학생까지 입술 연지는 꼭
기본으로 자기 가꾸는 데 필수품이라니
생활상 흐름은 뉘 쉽게 막을 수 없어
소리 없이 소리소리 스미고 급이친다

아름다움 젊음을 알리고 높이는 것이다
내심 소곳이 바란다 튄다
모둠꽃밭 속에 겨린 잡힌다
진할수록 내숭스러운 듯 끙끙 살줄친다
새빨갈수록 더운 피 올려 올려 획획
미당기며 척척 얼러방친다

담장 밑에서 올라 벌겋니 내민
장미꽃 스스로 정 못 이겨 서러워 더
서러워 해동갑하여 울다 울다 지쳤어도
입술 연지는 여전히 붉은맘 사분댄다
그 빛발 치렁치렁 흔들거릴수록
어느 객기들 질질 흘리며 입매하다가
돌아서서 자근자근 씹어댄다, 저런저런

---

* 방폐房嬖: 조선 시대 원님들이나 감사들의 사랑을 받는 기생.
** 원녀媛女 : 과부를 이르는 높임말.

바나나

그래 몇 년들이나 요절내자고 저렇게
대여섯이나 팔짱 끼고 있는가

숫말[牡馬] 그것처럼 길고 왁살스러운데다
그 탄력성 꽂을대는 팽패리*는 아니므로

당한 년들은 팔자땜으로 생각할 거고

안 당한 년은 신경질만 부릴 거고

어떤 년은 보자마자 오금 못 쓰고
지망지망 쥐어뜯다 벌게져 지리다
더 발동해 제 오지랖에 꾸려 잽싸게
줄행랑친다 불내러 간다더라 천정天定
천재일우에 바짝구이하겠단 각오이더라

할망구는 가까이 끼일 수 없어

맨 뒤 뵈지도 않는 데까지 밀려나서
침만 삼키다 추억만 되씹다 어쩜
주저앉는다 살아도 못 산 퇴물 운다
부딪혀야 하는데 못한 한恨 뒤발한다

어떤 놈은 끝어림으로 속어림으로 살짝
제것과 비교하다가 기가 죽어 야코죽어
바로 돌아선 뒤론 실어증 우울증인가에
걸려 말을 잘 안 하고 마누라 앞에선
고개를 숙이고 눈치만 보며 더 그러니
그 마담 따져 읽어 대자 그자 대답인즉
"군자君子는 대로행大路行"이고 또한
"군자도 시속을 따른다"는 공자 말씀
있었는데 큰 길 가자면 다리가 특히
가운뎃다리기 실해야 거야 된다는데
내건 안 그래서 자기한테 미안하다고
얼버무리자 그 중보重寶 더 다그치므로

얼른 자기 상징을 붙잡아 내보이려하자
그녀 "아이고 아이고 …… 내가 죽어야지
이런 얼뜨기와 살았으니" 내뱉고는 휙
나가버렸으니 큰 걱정이라며 어디 가서
팔영산에 가서 백일기도나 빌어 볼까
내친 걸음에 몇 달 세끼마다 보신탕만
걸귀 들린 듯이 해치워 볼까 세운다나
내고한다나** 하중荷重이 안 넘게 한다나
떠도 주먹 불끈 쥐고 몽그작댄다

---

* 팽패리 : 성질이 딱딱하고 이상한 사람.
** 내고(내顧)하다 : 처자를 위해 걱정하다.

개꿈이런가

늦봄 해거름에 불양굿판* 한참인데
봄비치고는 제법 추적추적 내리므로
상기上氣 기분은 가라앉다가 건너편에
살피꽃밭 개비름이 쫑긋 처들고 밝게
다소곳이 말 붙이는 것 같은
환상이 소스라치게 일으켜 세운다

한담 설화가 아니고 그 시절
순애純愛가 에둘러 떠보거나 껌벅였던
추억 되씹히면서 모가지 좀 높이지만
소리 나게 간질이지는 않아서
그만그만 자약해지기는 한데 그러는데

봄비가 출렁이는가 시절이 출렁이는가
옛일이 출렁이는기 출거出擧 전의戰意가
출렁이는가, 그 연동連動에
계절 오고 피고 지고 뒤따라

정감들 불어나고 모정慕情 타다 야위다
속절없이 간다 떠난다 잔눈치도 떠난다
초승달 벌써 떴다, 애잔히 휑해서
겨우 늦 야수지만 먼 신기루 아른아른
불강거리다 꺼지네 뒷불 자글거리네

머잖아 한여름 잔사설 넘치겟지만
그 무성한 싱그런 광림姚林** 영경靈境은
멘델스존 '한여름 밤의 꿈' 합주곡이
울리며 높아지다 서늘히 운무雲霧도 퍽
뭉게뭉게 흩어질 것인데 얼마나 다져야
더는 무꾸리질도 해야만 들어설 것인가
스스로 뿌리돌리기해 한참 더 조신하게
자양해야만 장차 거기에 그루 앉혀서
함께 별꽃 하늘을 노래할 것인가
어느 틀림없는 그리움송誦으로 무덥도록
치렁치렁 걸치고 칭칭 감은 대로

속앓이 입앓이 단내 한참 흘러나오는
그만큼 따라 감들어서 입가엔 웃음이
가슴속엔 보리수 우뚝 드리울 것인가

---

* 불양祓禳굿판: 액을 막기 위해 귀신에게 비는 푸닥거리.
** 광림桄林 : 아름답고 커다란 숲.

더 뜨겁더라 좋더라

학생 시절
내 종아리에 매 때리신
아버지 훈계 뜨겁더라

잠시 후에
어머니께서 매 맞은 데다
물수건을 감고 주물러 주시면서 되씹는
그 속울음이 훨씬 뜨겁더라

한밤중 별 하나
내 머리 속에 날아들어
명심보감 읽어 대며 새겨 넣는
띠폭輻*이 혼비백산하도록 뜨겁더라

그렇게 밤이 지새고
이른 새벽 산사山寺 풍경소리 크게 뜨고
댕그랑 댕그랑댕그랑 툭 툭툭

다독거려 대며 깊숙이 모으는
그 온량溫涼함이야 점점 빈틈없이
안으로만 겹겹이 쌓아 주니
온溫 신信 용勇이 웬만큼 겹치므로
놀랍게 뜨겁더라 좋더라

---

* 띠폭輻 : 많은 주파수로 이루어진 전기 신호 전송 장치.

낮달

온 밤 지새도록 살피고 지켰건만
못다 했는가 안 찼는가 안 놓였는가
한낮에까지 이어 되짚어 챙기는
스스로 천자天子 거듭나서 꼭 속초할
그 우주 운행 조율에 매진해서 겨운지
몇 번 목다심 다시다 다시 올리다 쏟다
속깊은 영성靈性도 지녔다고 보람 뵐가
엄지 높이며 벙시레 자존하네

아니 아니 아니네
하늘나라 살아 거기서도 부침하는
어머니 우리 어머님이 울력꾼 뒷배를
끝내고 운김에 못내 지쳐 바동대는
지질컹이도 북돋울가 받낼가 뜻으로
어서 받으라며 잔정을 안기네

아니 아니 아니네

오랜 고행苦行 마쳐 든든해진 데다
후광後光 후수後綬 두른 근엄한
큰스님이 말없이 끔벅여 통해서
먹통들을 화도할가 들이려고 못줄 치네

아니 아니 아니네
아직껏 못 잊고 안 끝내 그만큼
절실한 절절한 절촉한 그대로 되레
뜸한 동안 각통질해 둔 듯 번지레
나타난 의기양양한 통 의념도 없는
첫사랑 그 선아仙娥 그 선도자 아마도
더 깊숙이 크게 미칠가 넓힐가
한참 헤아리지만 그동안 닦았으므로
풍미風味 풍범風範 빛이야 썩 잔잔히
번지며 번지며
스미며 스미며
출렁이며 출렁이며 명개를 높이므로

주위가 그만큼 명징明澄한 경지에 들어
제출물에 훈지상화 이만저만하면서 그리
석는가 뜨는가 도뜨는가 더는 환히
홍화洪化되는가 숭굴숭굴해 드러내네

아니 아니 아니네
거기도 한여름 계수나무 짙푸른 그늘
아래 다른 꽃그늘 속에 옆에 둘러앉은
화운和韻 화음和音 화창話唱 화명和鳴
서로 으깍 없이 이심전심 맞석수 걸어
으슥한 데서 꿩 알 낳는 듯 정성스레
층층으로 높이높이 울리도록 퍼지도록
드솟구다가 드디어 별꽃들 번쩍번쩍
아른아른 피어나네, 저런 저런 맞갖게
은니경 몇 장 읽히네 바로 모참暮參*시키네

----
*모참暮參 : 저녁 때 잠깐 참선하는 것.

또 다른 동천洞天*

안사람은 TV를 자주 보고
나는 FM음악을 들으면서
원고 쓰거나 이런저런 책 읽는
아늑한 쉼터 보금자리 우리 집

때 되면 저녁 준비하느라
달그랑달그랑 그릇들 부딪는 소리
흥얼흥얼 입술소리 흩어지는 소리
희뜩희뜩 날리는 소리 끝나면 뜸 들여
함께 드는 저녁 식탁에선
따로 사는 애들 요즘을 전해 듣거나
세상 돌아가는 이야길 주고받으면서
더 넉넉해지고 생기가 오른다 겹친다
일상 하루가 마감되는 때 나란히
우언히 물끄러미 창밖을 내다보니
묵은 세월 땀띠 꽃들 아른거린다
그 시절 바람꽃 세게 몰아간다

꽃들 나뭇가지들 떨어지고 흔들린다
옛날 아버지 어머니 땀꽃 그 불김 정情
할머니 노파심 그 구심疚心** 내밀고
휘어잡아 한참 당부하신다 다독이신다
좇아하자면 좌뜨자면 종후하자면***
조용히 물러서서 모대길 시간 방법으론
하얀 광목 이불 속 먼 꿈 심는 거다

꿈밭은 갖은 꽃들 새소리 아름답고
하늘 구름들 춤사위 느리게 빠르게
앙그러지면서 쥐었다 놓았다 얼뺀다
원두막엔 나도 모르게 이녁이 먼저
와서 새총을 들고 살피고 있는데
예쁜 새는 아닐 거고 혹시나
나한테 치매가 나타나면 쏴 내쫓고서
튼실한 영감靈感 불러들여 내 가슴속
깊숙이 저장할 요량이었는가 슬금하네

진지하네 후덕하네 늠연하네 신앙적이네
후광後光까지 비추며 영생 길 가리키네
소박한 집이지만 이녁 함께하므로
또 다른 동천洞天 아닌가 향연 아닌가

---

* 동천洞天 : 아름다운 산천으로 둘러싸인 곳.
** 구심疚心 : 근심 걱정하는 것.
*** 종후從厚하다 : 일을 박하지 않게 후하게 좇아하다.

안사람

더께 더더더러 앉은 장독 속
오래 보그르르 들린 듯 만 듯이
끔삭고 삭아 보굿켜 생긴 간장이라네

겉장은 헐었어도 살포시 방싯 웃는
대반야경大般若經이라네

온갑이 끈끈하게 마뜩해 들앉힌
안방 아랫목 화로 밑불이라네

다람쉬들 둥지 틀었고
담쟁이들이 빨아먹고 있는
등 굽은 소나무이라네

알게 모르게 속맘 발쪽대면서
사방 고루 살펴 향向을 바로잡아선
좨치고 추기다 조심조심 사위하는

큰 생각 큰할머니인데다
큰 업력業力*종가 마님이라네

---

* 업력業力 : (불)과보로 받은 큰 힘(위력).

작품 감상

임 보
(시인)

하늘땅 온 기운을 품었기에
저리도 탱탱하게 보이는가

삼선三善을 실천하였기에
지긋한가

삼불후三不朽를 닦았기에
빛저운가

부나비 되깎이도 저 앞에선
몇 번이고 되돌아보면서 닦아 내면서
앞으론 돼지 발톱에 봉숭아 들이지

않겠단 속다짐으로 조용히 바치네
　　　　　　　　　　　— 김두환,「수국 한 송이」전문

　세상에 신비롭지 않은 존재는 없습니다만 특히 하나의 생명체를 바라다보고 있으면 참 아득하기만 합니다. 그 생명의 근원을 생각해 보면 이 세상이 시작되는 태초에까지 닿아 있는 것 같고, 그 몸의 형성 과정을 살펴보면 전 우주적 요소들이 그 안에 스며들어 있는 것 같습니다. 생명체는 전 우주가 응축된 소우주라고 이를 만합니다.
　특히 식물의 상징이라고 할 수 있는 꽃은 신비감을 더합니다. 많은 꽃들 가운데서도 시인은 한 송이 수국 앞에서 경외감에 젖습니다. 얼핏 보면 불두화처럼 보이는 수국은 좀 특이한 꽃입니다. 수십 개의 작은 4판화들이 떼로 엉켜 커다란 구형을 형성하면서 한 송이 꽃이 됩니다. 그러니까 수국 한 송이는 수십 개의 작은 꽃들로 이루어진 꽃의 군집—꽃다발이기도 합니다. 시인은 이처럼 원만 구족한 구형의 꽃을 두고 '탱탱하다'는 표현을 썼습니다. 하늘과 땅이 밀고 당기는 우주적 에너지를 느낀 것 같습니다.
　제2연에서는 '지긋하다'고 했습니다. '지긋하다'는 나이가 비교적 많아 듬직한 상태를 이르는 형용사입니다. 여기서는 나이 든 상태를 이르는 말이라기보다 수국의 꽃봉오리에서 느끼는 중량감重量感의 표현으로 보입니다. 수국의 큰 꽃봉오리가 약간 밑으로 기울어 있는 모습입니다. 그것이 곧 삼선三善을 실천한 후덕한 성품 때문이라고 본 거지요.

삼선은 본문의 주에서도 밝혔습니다만 효도와 충성과 공정의 세 윤리입니다. 어쩌면 전생에 삼선의 덕목을 잘 실천한 선비가 저렇게 중후한 꽃의 화신으로 피어난 것이 아닌가 하는 생각입니다.

제3연에서는 '빛접다'라는 말을 썼습니다. '빛접다'는 떳떳하고 번듯하여 부끄러울 것이 없다는 뜻의 고유어입니다. 김두환 시인을 한마디로 표현한다면 '언어의 구원자'라고나 할까요. 그는 의도적으로 사라져가는 우리말을 찾아내어 작품 속에서 되살려 내는 작업을 일관되게 하고 있습니다. 그러니 죽어 가는 우리말을 다시 살려 내는 구원자라고 할 만합니다. 그는 이러한 작업을 하느라 우리말 큰사전 세 질이나 다 닳도록 들춰 보았다고 합니다. 그야말로 위편삼절韋編三絶의 고사를 상기케 합니다.

작품으로 다시 돌아갑니다. 삼불후는 주에서도 밝혔습니다만 사람이 세상을 떠난 뒤에도 썩지 않고 남아 있는 세 가지를 뜻합니다. 춘추시대 숙손표淑孫豹는 그 세 가지를 '입덕立德, 입공立功, 입언立言'이라고 지적했습니다. 즉 살아 있을 때 쌓은 덕과 공과 그리고 훌륭한 저술입니다.

제3연의 의미는 제2연과 유사합니다. 이 꽃은 전생에 삼불후의 공적을 남긴 어느 현인의 화신이기에 그리 떳떳한가 하는 내용입니다.

제4연은 부나비, 즉 불나방 얘기입니다. 그런데 '되깎이'라는 말이 조금 생소하군요. 승려가 환속을 했다가 다시 승려가 되거나, 시집을 갔던 여인이 처녀 행세를 하다 다시 또

시집을 가는 행위를 이르는 말입니다. 여기서는 행실이 좋지 않은 불나방을 '부나비 되깎이'라고 했습니다. '돼지발톱에 봉숭아 들이다'는 말은 주의 설명대로 '격에 맞지 않은 치장'을 빈정대는 속담입니다.

수국은 꽃의 빛깔이 신묘합니다. 꽃이 처음 피어날 때는 흰색이지만 점차 청색으로 바뀌었다 다시 붉은색을 더하여 나중에 보라색으로 변합니다. 토양이 알칼리 성분이면 분홍빛이 강하고, 산성이면 남색이 강하다고 합니다. 그래서 수국을 가꾼 이는 땅의 성질을 조정하여 꽃의 색깔을 바꾸기도 합니다. 빛깔에 대단한 조화를 부리는 꽃입니다.

평소 행실이 방정하지 못한 부나비 되깎이도 이 수국 앞에서는 제 몸을 치장할 엄두도 못 내고 기가 죽습니다. 오히려 자신을 거듭 반성하며 수신코자 하는 의지를 보입니다. 그리고 가식적인 꾸밈은 이젠 하지 않겠다고 스스로 다짐하면서 수국에게 머리를 조아립니다.

길지 않은 작품이긴 합니다만 깊은 생각을 핍진한 언어로 잘 엮어 낸 멋스런 가작佳作입니다.

시인 김두환

성균관대학교 약학대학 졸업
(1960년 제4회 약사면허 3730호)
가야약국 경영
(36년, 1964~2000년 종로구 낙원동에서)

시집
제11시집 『그대도 물결치는가』
제10시집 『어디쯤 가고 있는가』
제9시집 『속소리는 더 절절하여』
제8시집 『모둠꽃밭 가꾸는』
제7시집 『더위잡아 오르지만 별자리는 아직 멀고』
제6시집 『때 늦은 발견』
제5시집 『가을비 박람회』
제4시집 『싶은 밤 깊어지는 이야기』
제3시집 『아침 커피 한 잔』
제2시집 『잔을 나눌 그 일만 남았는가』
제1시집 『읊는 가락에 엉그는 그리움』
(전11권, 총1663편 수록)
수상
제2회 영랑문학상 본상ㆍ제10회 허균문학상 본상
제22회 성균문학상 본상ㆍ제3회 순수문학 작가상
제2회 한국신문학 대상 등 수상

사무실
우) 03149 서울시 종로구 인사동9길 27(견지동) 가야빌딩 103호
Ⓣ 02)722-4006 Ⓜ010-4977-2839

그대도 물결치는가

지은이 | 김두환
펴낸이 | 김재은
펴낸곳 | 도서출판 신학사
1판1쇄 | 2015년 11월 30일
출판등록 | 2015년 5월 14일
등록번호 | 제300-2015-83호
주소 | 서울 종로구 혜화로3가길 4(명륜1가)
전화 | 744-0110
FAX | 3672-2674
값 12,000원

ISBN 978-89-94889-96-2 03810

* 저자와의 협의에 의해 인지를 생략합니다.
* 잘못된 책은 바꾸어 드립니다.